サキドリ

田内しょうこ

じぶん時間ゼロ、ダメ主婦、ダメ社員だった私が人生を取り戻した小さな習慣

草思社

はじめに

「あなた、そもそも仕事するのに向いてないと思うのよ！」

12年前に、上司から言われた言葉です。

いまでも夢に見てはうなされることがあります。


出版社に入社して7年、ようやく念願の雑誌編集部に異動し、やる気だけはありましたが、経験のない部署ではじめての慣れない仕事。昼も夜もなく超多忙な職場で、上司がキレるのも仕方ありません。でも、彼女が言おうとしたのは、わたしには、根本的なところで、仕事を管理し、実行する能力が欠けているということでした。

ありえない確認ミスでクライアントの社名表記が誤ったまま掲載されてしまい、上司が新幹線に飛び乗って、お詫びに行くはめになったり。撮影現場で手伝いをしよう、と張り切って手出しをすれば、撮影用にお借りした貴重なブランドもののカフスを紛失する騒ぎを引き起こしたことも。

得意なつもりの原稿作成も、気づくと締切を大幅に遅れて間に合わず、徹夜続き。失敗だらけのみそっかすで、毎日が緊張の連続です。

そのような、ロクに仕事もできない状態で、さらに妊娠、出産――。

育児休暇を終えて職場復帰を果たしたものの、毎日が必死で、なにもかもが後手後手です。朝ごはんの後片付けもできずに真夏に夜まで置きっぱなし。慌てて家を飛び出したらカギを持っていないようなこともしょっちゅう。余裕を持って身支度できていないから、タイツと靴の色はちぐはぐ。当然ながら保育園にも会社にも遅刻。挙げ句の果てに、家事の最中にうっかり小さな娘に大やけどをさせてしまい……。

仕事もダメ。主婦もダメ――。

落ち込むことばかりの毎日。せめて、どちらかだけでもちゃんとできれば……。

泣きたいような日々でした。

思い返すのも恥ずかしいくらい、ダメ主婦、ダメ社員だったわたしです。それが、まがりなりにもいまでは、フリーランスの料理研究家を名乗り、じぶんが一番好きな「食」を仕事にし、「時短料理」のワークショップを主宰したり、講演会でお料理の段取りのコツをお話しさせていただくようになりました。

昔のじぶんがいまのわたしを見たら、きっと信じてくれないでしょう。

いまでも本質的に、ダメ主婦、ダメ社員だった頃に比べて、生まれ変わったようにマメになったわけでもなければ、画期的に能力がアップしたわけでもありません。

でも、ほんの少しの段取りの力が身について、「サキドリ」ができるようになると、仕事も生活も不思議と少しずつ、うまく回るようになったのです。

いろんな作業を同時に抱え、じぶん時間ゼロの生活をどう切り盛りするか？

多くの方が同じ課題を抱えて、苦心されています。そのテーマに、わたしなりに取り組んで、たどり着いたのが、書籍やワークショップでご提案させていただいている「時短料理」と小さなことを少しずつ「サキドリ」する習慣を身につけることでした。

残念ながら、ものすごい方法論とかではないんです。

だから、なんだぁ、そんなことなの？　と思われるかもしれません。

でも、たった5分のサキドリを習慣にしたら、30分も1時間もの余裕が生まれたとおっしゃる方が少なくないのです。

そこで、なにをやっても思い通りにいかず、落ち込んでばかりいた、昔のじぶんに教えてあげたい、そんな気持ちでこの本を書きました。

手に取ってくださった方のお役にひとつでも立てば嬉しいです。

第1章 サキドリは、きゅうりの塩もみから始まる

第2章 サキドリの時間術

1日は何時間あるの？

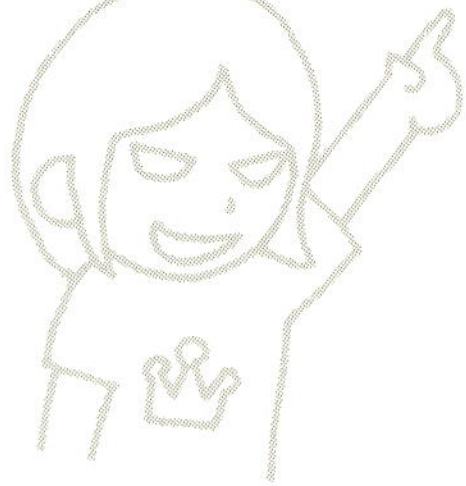

第3章

サキドリ習慣　初級編
「できた！」を増やす

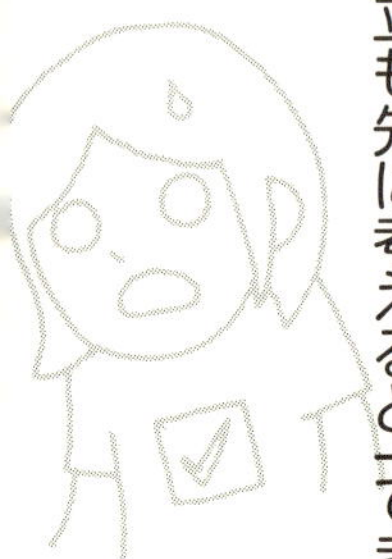

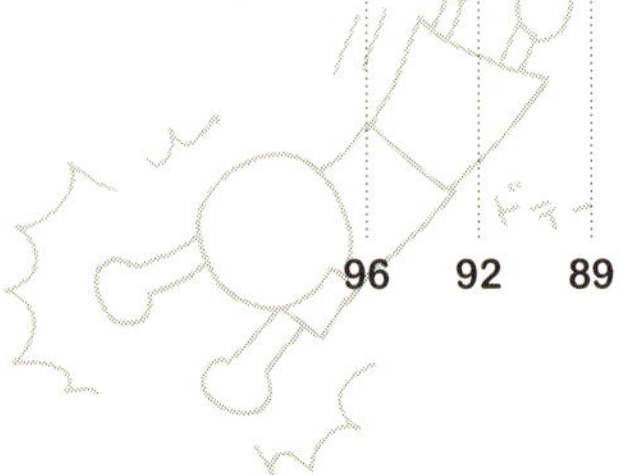

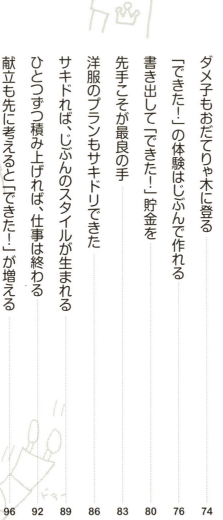

第4章 サキドリ習慣 中級編
「ついで」を手グセに

第5章 サキドリ習慣 上級編

いろいろ「サキドル」ともっとラク！

第6章 サキドリの時間術は終業から

第1章
サキドリは、きゅうりの塩もみから始まる

Q

あれも、これも、それも……、
なんでもかんでもやろうって
頑張りすぎて空回り。
なにもかも後手後手になってない？

役立たずの三十路ド新人、子持ちになる

出版社に入社し、広告や制作などの部署を経た後、7年目に念願かなって、憧れの雑誌編集部に異動になりました。

いざ異動してみると、それまでの経験はまったく役に立たず、失敗ばかり。

さらに想定外だったのは、下積みのド新人状態だったのに妊娠・出産することになってしまったことです。

つわりもあり体調も万全でない中で、時間はギリギリ、仕事は後手後手で失敗続き。「わたしは仕事ができない」という劣等感だけが、日々、ふくらんでいきました。

晴れて出産し、育休から復帰した後は、「みんなと同じだけの時間を使うことができない」という引け目も加わり、さらにダメ度が高まっていきます。

周りはというと、朝も夜もなく働く先輩たちばかり。

わたしの在籍した当時の男性誌は、編集部員も男性がメイン。打ち合わせは、夜の19時からスタートが当たり前です。

そんな中ひとり、19時半に「すみません、ちょっと……」と言いながら会社を飛び出してタクシーを拾い、子どもの保育園に向かいます。

お迎え時間の20時ギリギリに保育園の前に車を停めてもらって子どもを乗せ、家まで帰るという日々でした。

当然ながら、その時間に幼い娘はお腹をすかせてしまっています。ようやくお迎えに来てもらって、ひときわ甘えたかったのでしょう。毎日ぐずったり、まとわりついてきたり、帰宅してもなかなか思うように動けません。

子育てに多少は慣れたいま、振り返れば、ごはんなんてほったらかしにして、とりあえず甘えさせて遊んであげればよかったと思ったりします。

でも当時のわたしはというと、泣いたり、ぐずったりして横からつかまってくる子どもを「ちょっと待ってね」と声をかけながら、土鍋でごはんを炊いて、かつおぶしでだしをとる始末。

仕事か、家事か、なにかひとつでもきちんとできなくては！　と思い込んでいて、とにかく必死で、いっぱいいっぱいな新米ワーママでした。

離乳食から幼児食に移り変わる時期に、「いいものを食べさせたい！」と頑張るあまり、冷凍でごはんを置いておくなんてイヤ、電子レンジで温めるなんてイヤ、と、愚かにも毎日、一から手の込んだ料理を作ろうとしていたのです。

子どもに大やけどをさせて虐待を疑われる

そんなある日、事件が起きました。

いつにも増して、帰宅したあとにぐずった娘が、コンロの下の台に手をかけてぶら下がったのです。もう10数キロもあった子がぶら下がったのだから、コンロはひとたまりもありません。ごはんを炊いていた土鍋とだしをとっていた鍋が一緒にひっくり返り、娘の頭上に……。

とっさのことに何が起きたのかわからず、わたしは半狂乱。

娘は大泣きし、ひっくりかえった鍋が散乱する中で、大変なことをしてしまった、と血の気が引きました。

すぐに飛んで来てくれた母に連れられ、大きな病院の救急センターへ。

幸い、お湯が直接かかった場所は奇跡的に少なく、左腕の一部だけでした。

ほっとしたのもつかの間、お医者さんに呼ばれ、

「どうしてやけどをしたんですか」

「何をしていたんですか」


次々とされる質問に、あふれそうになる涙を必死に我慢しながら答えました。

ふと見ると、先生は話を聞きながらカチャカチャとパソコンに打ち込んでいます。

見るともなしに見てしまったところ
「証言に不自然なところはなく、涙を浮かべて反省している様子……」

などと書かれているではありませんか！


ええっー、もしかしてわたし、虐待を疑われてるのぉォーー!?

ただでさえ落ち込んでいるところへ、追い打ちをかけるような疑惑に大ショック。

それだけ落ち込んでいるときでさえ、先生のパソコンの画面が目に入ったとたんに見たくて仕方なくなってしまうじぶんのキョロキョロ具合にも二重に落ち込みました。それほど注意が散漫だから、子どもにやけどさせてしまう事故まで起こしたんだ……。

実は子どもがやけどしてしまったのは、このときが初めてではありませんでした。1回目はもう少し小さい頃。ちゃぶ台に置いたお茶を娘がこぼして手にかぶってしまい、左手が包帯でグルグル巻きにされるようなやけどをさせてしまったのでした。小さい子の手が届くところに熱い飲み物を置くなんて、親の不注意以外の何物でもない、と深く深く反省したはずだったのですが。

さすがに2回目のこのときは、仕事や家事だけでなく親としてもダメなんだ……とじぶんのダメさにとことん落ち込みました。そして、ふと思ったのです。

「もう、仕事、辞めよう」

その瞬間、あ、仕事を辞めたらこのバタバタから解放されて、わたしはダメだって毎日落ち込まずにすむかもしれない、とラクになった気がしたのです。

居合わせた母にそう伝えたところ、即座に叱られました。

「あなたの過ごし方じゃ、仕事を辞めたところでまたケガさせる。じぶんに何が欠けているのか、もっと真剣に考えなさい。逃げるんじゃありません！」

そのとき、ハッとさせられました。

わたし、じぶんができていないことを棚に上げて、家のことがガタガタになったのは、会社や仕事のせいだと思ってる？

仕事さえなければ、なんとかなるはず。なんて甘いこと、考えてる？

自己嫌悪と自信喪失で頭の中はぐるぐるしっぱなし。どこから生活を取り戻してよいのか、見当すらつきませんでした。

きゅうりの塩もみ、サキドリの部品になる！

まだ仕事もロクにできない状態で妊娠・出産したわたしにとって、じぶんの裁量で時間を自由に使えそうな編集者という仕事は、一見、都合が良さそうに見えました。じぶんが動きやすい時間を使って、取材や原稿の仕事をすればそれが認められる、というのですから。

しかし、実態はちょっと違っていました。いや、だいぶ、かもしれません。わたしは、ミスばかりで使いものにならないダメ社員。そこに、子どもが生まれ、慣れない育児も抱えてしまったわけで、完全に職場のお荷物的存在です。

「子持ちの人は働ける時間が短いのに、同じお給料になるって、おかしいよね〜」と隣の部署の先輩に面と向かってグサリと言われたこともありました。

「じぶんはお給料にふさわしい働きができていない」と引け目が増し、自信を失うばかり。わたしにとって職場は、どんどん居心地が悪くなっていきました。

でも、ダメダメ言ってもなにも始まらない。

憧れの編集部に入れたんだし、まだ仕事も頑張れるはず。ここで踏みとどまるには、なんとかしなきゃ。

子どもが生まれたことで、仕事中心だった頃に比べると家事や家で過ごす時間の比重は高まっています。その分、仕事に使える時間は減ってしまっていたわけですが。

ひとまず仕事の状況をすぐに変えることができないんだから、少しでも時間の比重が上がった家事を充実させよう。

そう思い直して、あらためて、家の中を見てみることにしました。

家事はもともと苦手なことばかりでした。

夫の海外出張中に大きな企画で3日間、夜遅くまでのスタジオ撮影が入ってしまったときにも、「手伝いに行ってあげるわよ」と言ってくれた優しい義母に家で留守番をしてもらう勇気がどうしてもわかず、職場近くのホテルをとって子守りをしてもらったくらい、家の中はとてもとても

……な状態でした。

うーん。どうしたらいいんだろう……?!

そこで目をつけたのが家事で唯一、好きな料理でした。土鍋にかつおだしって、ちょっと頑張りすぎたから失敗したけれど、もっとムリをしないで日々のごはんの支度はできるんじゃないかしら?

毎度毎度ギリギリで用意をしていたわけですから、ごはんを炊き、みそ汁を作り、漬け魚を焼き、野菜のおかずを加える、が精一杯。

時間がないときにはみそ汁もなし、魚の横にトマトをのせただけ、みたいな日もありました。いま振り返ればそれで十分、立派だったとは思いますが、当時はとにかく必死だったんですね。

「できたてが美味しいから」と信じ込み、毎日、一から食べる分だけを作ることに決めていました。煮ものなど、残ったものを翌日に食べることはありましたが「残りものを食べている」というわびしい気持ちになったり「残りものでごめんね」と申し訳ないことのように思ったりもしていたのです。

そんなある日のことです。どうしても野菜が少し足りず、おもむろに冷蔵庫を見回し、作り置きしていたきゅうりの浅漬け（塩もみ）にしらすを混ぜて出しました。

とにかく1秒でも早く支度をしないとまた娘が大騒ぎしちゃうだろうし、漬けものでも、野菜には違いないから、少しは栄養になるはず……。

ところが、この「きゅうりとしらすの和えもの」、予想外に子どもに大ウケでした。

えぇーーっ、1分で作った手抜き料理だけど、これがいいのぉー?!

子どもはわたしの驚きなんてそっちのけで、「もっともっと!」と嬉しいくらいにおかわりをせがみます。

そうかっ☆♥、これなんだっ!!

目からウロコが落ちるような気持ちでした。

きゅうりとしらすの和えものを普通に作ろうと思ったら、

1　きゅうりを薄く切って塩もみにする
↓
2　しばらく置いてから絞る
↓
3　しらすを和える

……という手順だと思い込んでいたものが、きゅうりの浅漬けを使うことで「1　きゅうりを薄く切って塩もみにする」の部分が先にできあがっている、「サキドリ」しているのと同じ状態なんだ、ということに気づいたのです。

浅漬けは浅漬け、だと思い込んでいたものが、きゅうりとしらすの和えものを作るときの「きゅうりを薄く切って塩もみに」したパーツ（部品）になることに。

結果的に「サキドリ」していたきゅうりの浅漬けがあったおかげで、ものの1分で今日のおかず一品ができあがったのです。

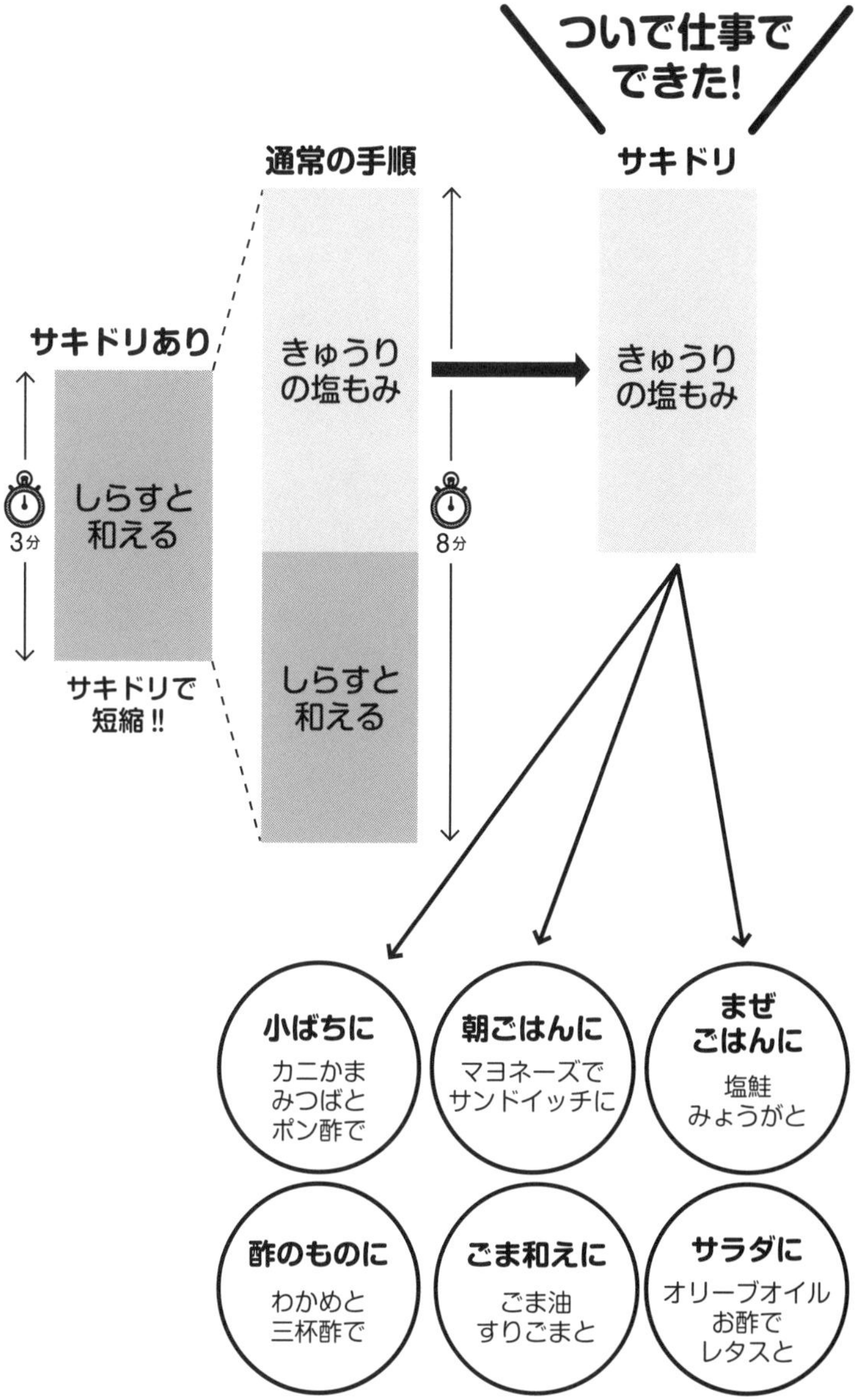
ついで仕事でできた!
サキドリあり
3分
しらすと和える
サキドリで短縮!!
通常の手順
きゅうりの塩もみ
しらすと和える
8分
サキドリ
きゅうりの塩もみ
小ばちに
カニかま
みつばと
ポン酢で
朝ごはんに
マヨネーズで
サンドイッチに
まぜごはんに
塩鮭
みょうがと
酢のものに
わかめと
三杯酢で
ごま和えに
ごま油
すりごまと
サラダに
オリーブオイル
お酢で
レタスと

その日いちにちの疲れがすーっと癒《いや》されていくのがわかりました。

きゅうりのさわやかな緑色が食卓に彩りを添えてくれた、なんていうと大げさでしょうか。でも、このときの小鉢のきゅうりは、妙な存在感を放っていたのでした。

こうして「サキドリ」していけば、料理をきちんと回していけるかもしれない。

「わたし、大丈夫かも！」

と道が見えたような気がしたのでした。

思い込みを捨てて小さなサキドリを身につけた

せっかく出会ったきゅうりの塩もみをもっと活用しようと、計画的にきゅうりの塩もみを作るようにしました。

試してみると、塩もみきゅうりは、まさに万能の素材でした。

戻したわかめと酢の物にしてもよい。つぶしたじゃがいもに加えてポテトサラダにしてもよい。オリーブオイルと酢を加えてサラダにしてもよい。

すりごまとごま油をかければ中華風和えものになる。ぎゅっと絞ってマヨネーズと一緒にサンドイッチにもなる。納豆やそぼろと一緒にもりあわせれば、朝ごはんにぴったりの混ぜごはんにもなる。

塩もみきゅうりが冷蔵庫にあれば、子どもを待たせず、すぐにできあがる一品になるのです。

「カンタンに使えるものがじぶんでできた！」と思える充実感は、想像していたよりはるかに大きいものでした。

その安心感が、今日はもう一品作ってみよう、というやる気になり、明日の仕事も頑張れるかも、と不思議なくらいやる気が生まれてくるようになったのです。

そこで、もっと要領よく塩もみを作るため、スライサーを導入することにしました。もう子どもにケガをさせることがないよう、子どもの様子を見ながら、カンタンにこなせるようにと考えたのです。

料理は丁寧にだしをとって頑張るもの、と思い込んでいたわたしにとってスライサーを使うというのは、手抜きや横着をしているようで抵抗があり、それまでは使うなんて、考えたこともないものでした。

でも、この際だから、できることは試してみたい！

ちょうどおろし金を新調したかったのもあり、思い切って5000円のスライサーセットを買ってみました。

子どもが遊んでいるのを横目で見ながら、スライサーできゅうりを輪切りに。ひとつまみの塩を入れてまぶし、タッパーに入れて冷蔵庫に入れます。

作る時間はものの数分。朝でも夜でも食事の用意の最初や家事の合間にでもパッと作れます。スライサーがあれば作業もカンタンですから、ついでに2本3本と薄切りにし、多めに作って冷蔵庫に入れておく。

きゅうりを切っただけのスライサーなら水洗いで十分なので、片付けにもさほどの手間はかかりません。ひとつあればいろんなおかずに展開できますから、それがあれば次の食事の用意のサキドリができるのです。

それまでのわたしは、忙しいワーキングマザーは、ごはんを朝に作ったり、事前に作って冷凍したりしてしのぐもの、という知識はあったものの、作って置いた古いものを食べるなんて……となんとなく抵抗もあって、作り置きを避けていました。

でも、きゅうりの塩もみは、単なる作り置きのおかずではなく、それを日々、いろんなメニューへとカンタンに展開していくサキドリのパーツのようなもの。そう考えるとまったく抵抗感はありません。

仕事もダメ、家事もダメ、子育てもダメ、と八方ふさがりのダメ子だったわたしが、きゅうりの塩もみに出会ったことで、ひとつハードルを超えられた気になりました。どんな小さなものでも、事前に作ってあれば安心感につながるということに気づかされたのです。

そのハードルはとても低く、家事が得意な方、段取り上手な方から見たら笑われるような小さなことだと思います。

でも、「できた！」と一瞬でも思えたことが、わたしに仕事も家事もあきらめなくていいんだ、という勇気を与えてくれました。


それは、わたしにとって、大きな、大きな一歩だったのです。


わたしが主宰する時短料理のワークショップでも、きゅうりの塩もみは、必ずご紹介しています。

「本当にカンタンなことなのに、このサキドリをするだけで生活に余裕が生まれてきますよ〜！」とお話ししながらどんどんスライサーできゅうりを輪切りにすると、みなさん、身を乗り出して見てくださいます。

「1本ずつだと時間がもったいないから、2本同時にスライスします」と倍速で切ってお見せすると、ワークショップ中なのにスマートフォンでスライサーを注文する方も出てくるほど。

まるで、スライサーの実演販売みたいで、ちょっと笑ってしまいますね。

きゅうり1本のサキドリで自信がついて人生が変わる！

なんて、嘘みたいな話なんですが、実際に体験後の感想でも、「きゅうりの塩もみは、わが家の定番になりました」という声をいちばん多く耳にするのです。

まずはお試しあれ！

第1章の

A

なにかひとつでいいから、
サキドリしてみると
ココロに余裕が生まれてくる！

第2章
サキドリの時間術
1日は何時間あるの？

Q

進もうとしている道のり、
どんな道か、
きちんとわかってる？
わからないまま遭難しそうになっていない？

ダメ子、負のスパイラルにおちいる

そもそも、どうして仕事も生活もダメダメになってしまったのか、をいまになって振り返れば、新しい仕事に慣れないうちに妊娠してしまい、仕事がまったくできない新人状態のまま、子持ちで復帰してしまった、ということだったと思います。

できないからそもそも仕事が遅いうえに、慣れない育児との掛け持ちになって、なにをするにも時間が足りないのです。

最悪なことに、わたしは根本的に時間に対する意識がとても低いというのもそこに追い打ちをかけました。

ダメダメなりに編集部の仕事にも慣れ始めた頃のこと。

わずか2ページの小さな記事ではあるものの、重要な広告クライアントのタイアップのページをまかされました。構成を練るところから記事を仕上げて、完了（校了といいます）するまで、わたしだけに預けられた仕事。

ドキドキしながらも誇らしい気持ちでスタートしました。

ところが「あと○日もあるわ」とわたしが高《たか》をくくってのんびりしているうちに、取材先へのアポ取り、カメラマンさんやライターさんのスケジュール確認、すべてが後手後手になってしまい、もう間に合わない！　という事態に……。

あわてて先輩たちが総動員で取材先に頭を下げ、電話をかけまくって空いているカメラマンさんとライターさんを探してくれ、なんとか企画通りのページ構成で進行できることになりました。けれど、当初の予定よりも取材のスタートが遅れてしまい、その後の進行はメチャクチャです。

カメラマンさんにも無理を押して写真を納品してもらい、レイアウトを組むためのデザイナーさんへのお願いもギリギリ。そうしてどうにかこうにか整えた記事を、クライアントのチェックに回した段階で、もはや残り時間ゼロ。

関係者のすべてにムリを聞いてもらい、あらゆる進行の時間を、少しずつ、少しずつ削り、ぎゅうぎゅうに詰め込んで、やっと間に合うような状況でした。

そんな中で、わたしは原稿を仕上げなければならず、結局、最後は徹夜。

当然ながら、手元にはほかの仕事もたまっていきます。

徹夜を続けて体力を消耗してしまえば、日中の仕事の効率はどんどん落ちてゆく。

ほかの仕事へのしわ寄せとなって、影響が出てしまいます。じぶんの不注意から起きたひとつの失敗が、どんどんほかに影響し、結果的にすべてが混乱してしまう。周囲も巻き込み、大きな迷惑をかけてしまう。じゅうぶんな状態で作業できないのですから、仕事の仕上がりだって知れたものです。負のスパイラルの恐ろしさを痛感するばかりのダメ子でした。

わたしの1日は24時間もなかった

当時のわたしの時間の感覚と言えば、なにかの作業（タスク）の日まで「あと8日」とか「明後日まで」とか、非常にざっくりとしたものでしかありませんでした。でも、「あと8日」と言ったところで、その8日後の朝までなのか、それとも深夜までオーケーなのか、それだけでも持ち時間は大きく変わります。言葉にすれば同じ「8日後」ですが、その内容には、実際は24時間近い幅がある。そんな当たり前のことにさえ、わたしは気づいていませんでしたじぶんがそんなに大雑把な時間感覚で動いているのだから、よその方の時間への配慮なんて、当然できるわけがありません。

お忙しい取材先の担当者さんのスケジュールを確認するのが漏れる、何日もスケジュールを仮押さえしてくださったカメラマンさんには仕事をお願いすることができずに結局キャンセルする、デザイナーさんの作業時間はどんどん短くなる……、とあちこちに多大な迷惑をかける結果となるのも当たり前です。


このままではまずい!!


どう考えても、わたし自身に問題があります。

いくら時間がないとは言っても、もっともっとたくさんの仕事をこなしている先輩たちは涼しい顔をして仕事を回しているように見えます。

なにかいい方法はないかしら。

そんなとき、試行錯誤の末にたどり着いたのが、時間を

見えるようにしてくれる、バーティカル（垂直）式の手帳でした。

それまでわたしが使っていたのは、曜日単位で一枠ずつ切り分けられている、見開き1週間の手帳。２０００年代半ばの当時、会社で配られたり取引先からいただいたり、お店に並んだりする手帳は、そのような曜日単位のものが主流でした。

その手帳の補助として、卓上カレンダーには1カ月分の大まかなスケジュールを書き込み、デスクではそれを見るようにしていました。先輩たちも、１カ月のカレンダーを使っている人が多く、それでうまくやっているように見えたのですが……。

それなのにわたしと来たら、２種類のスケジュール表で予定を管理していても、やるべきことが期日までに終わらなかったり、もっと悪い場合には、予定そのものを見落としたまま忘れてしまうことすらありました。

時間管理は、わたしの悩みのひとつでしたから、見た目、デザイン、機能などの異なる、ありとあらゆる手帳を試していきました。

そうして試行錯誤の末にたどりついたのが、毎日の時間を見えるようにしてくれるバーティカル式の手帳でした。

１日を時間単位で帯状に区切り、予定を縦軸で、視覚的に把握できるのが、バーティカル式の手帳の特徴です。

12/6(月) 10〜19時 撮影	9(木) 19時〜 発表会	
7(火) 13時〜 会議 15時〜 取材@恵比寿	10(金) 締切	
8(水) 写真整理・準備 19時〜 打ち合わせ	11(土)	12(日)

バーティカル式手帳で時間が見えるように！

	12/6 (月)	12/7 (火)	12/8 (水)	12/9 (木)	12/10 (金)	12/11 (土)	12/12 (日)
午前10時	10時〜 撮影		10時〜 写真 整理、 準備		10時〜 締切		
午前11時							
午前12時							
午後1時		午後 1時〜 会議					
午後2時							
午後3時		午後 3時〜 取材					
午後4時							
午後5時							
午後6時							
午後7時			午後 7時〜 打ち 合わせ	午後 7時〜 発表会			
午後8時							

とにもかくにも、それまで使っていた見開き1週間の手帳やマンスリーのスケジュール表では、保育園のお迎えや夫に子守を頼めるかどうかの予定、取材の予定、次に担当している企画の進行、出席する打ち合わせや会議、プレス発表会の予定などがまったく把握できず、毎日の時間管理がめちゃくちゃ。

ところが、日々の時間の流れを時間割表のように見せてくれるバーティカル式の手帳に持ち替えたことにより、時間が、「視覚化＝見える化」されるようになりました。じぶんの持ち時間が、はっきりと目に見えてわかるようになったのです。

そうして、時間の流れをわかりやすく見える化したことで、わたしは生まれて初めて、とっても重要なことに気がついたのです。

「1日は24時間だけど、わたしが使える時間が24時間あるわけではないんだ」

はい。そんな、ごくごく当たり前のこと、三十すぎまで気づかなかったんです！

バーティカル式の手帳のおかげで、「締切まで5日ある」と思っていた予定は、実際に、1日目＝1時間半、2日目＝2時間……。5日のあいだに計10時間しかじぶんには使えるようになっていなかったことが、目に見えてわかるようになったのです。

どうりで時間が足りないはず。

頭の中のぼんやりとしたイメージで、

「24時間×5日＝120時間」


あったはずの時間は、睡眠などの生活時間や、ほかの用事に必要な時間などを削って行くと、合計しても10時間。集中してみっちり作業をしたい仕事内容だということを考えると、そのうちわたしが有効に使える時間は、5時間から6時間だろうということもわかりました。

ぼんやりとイメージして120時間あるように構えていた時間のうち、必要な作業に使える時間は、なんとなんと、たったの5％しかなかったのです！

これではなにをやっても終わらず、ダメダメなのも当然でした。

予定はサキドリできる？

さて、手帳を変えて、時間は見えるようにしてみたとはいえ、次々と飛び込んでくる用事に、わたしの時間はどんどん埋まっていきます。

家のことに時間をとられてしまっているけど、もう少しうまく仕事時間を作り出したい。そして、できることなら、たまには、じぶん時間だってほしい！

もっと大きな空き時間を作るために、具体的になにをすればいいんだろう？

そんな折、通っていた美容院でこんな話を耳にしました。

「忙しい人ほど、髪を切って帰るときに、次の予約までしていくよ」

えっ、1カ月も2カ月も先の美容院の予定を、帰るときに決めてしまうの？

仕事の予定だって入ってくるかもしれないのに……。

当時は、とにかく後手後手で仕事をしていて、美容院に行く時間なんてもちろん作れません。もうさすがに切らないとどうしようもない、という状態になってから、やっと予約を取るというのが当たり前。

でも、美容院だって、電話して今日、いきなり切ってもらえることなどなかなかなく、美容院の空き時間とじぶんの空き時間をつきあわせて、予約をひとつ入れるだけでも苦労していたのです。

ところが、美容師さんは、こともなく言うのです。

「まず次回の予約をして、予定を確保しておいて、どうしても動かせない仕事が入れば、そこで予約を変更すればいいじゃない？」

これは、わたしにとって、目からウロコの発想でした。

仕事がいつ入るかわからないからじぶんの時間はなるべくあけておかなくてはいけない。わたしのその思い込みは、少し崩れました。

仕事が入るかもしれないから美容院の予定を入れられないというのは、よく考えれば、じぶんの予定を１００％、仕事の都合に合わせてしまっているということでした。

下っ端の立場で、なにひとつじぶんの判断で決められなかったわたしは、昼も夜も休日もなく、仕事最優先で時間管理するようになってしまっていたのです。

それが美容師さんのひと言で、じぶんの予定の組み方に疑問が生まれました。

もしかして、先に予約を入れてしまうことで、ほかの用事はその予約を中心に調整できるのかもしれない。

つまり、どうしても必要な時間は、原稿を書くための時間であれ、美容院の予約であれ、先にとってしまえばよいのかもしれない。


とすると、あらかじめ予定を「サキドリ」してしまえばいいのかも！

そこで、とにかく重要な予定は先に決めて時間をサキドリすることを意識してみました。取材先のアポをとるのであれば、まずスケジュール調整だけはしてしまう。早ければ早いほど、先方にも時間の余裕がまだあり、都合とのすりあわせをする余地があります。
「あと○○日あるから、まだまだ時間の余裕がある」

と大雑把な時間の読みで高をくくらず、具体的に空き時間を調べてみること。

とにかく早め早めにその時間を確保してしまうこと。

子どもや家族関係でありそうな予定も、どんどん手帳に書き込んでいきました。

ちょっとしたことでしたが、これは効果がありました。

意識して予定のサキドリをすることで、じぶんのスケジュールをコントロールできるかもしれない、と感じられるようになり、気持ちにもほんの少し、ゆとりが生まれてきたのです。

仕事時間の75％はメンテナンス作業

その頃、たまたま読んだ本で次のような文章が目にとまりました。

「世界の企業トップは、勤務時間の75％をメンテナンス作業に注ぎ、折り返しの電話をかけたり、机を整えたりしているという。その結果、やらなければならない創造的な仕事に神経を集中できる」

以前から「段取り八分」という言葉は聞いたことはありましたが、まさにそういう話です。行き当たりばったり大好き、下準備とか段取りとかは苦手……という意識が強かったわたしは、ずっと段取りに直面することを避けてきていました。

でも、サキドリを決めた以上、段取りは、避けて通ることはできません。

あらためて向かい合おうとしたときに出会った本に書いてあった「勤務時間の75%がメンテナンス作業」という言葉。

メンテナンス作業とは、わたしがふだん、そのための時間を確保することすら思いつかなかった雑用たちです。

きちんと仕事ができる人はじぶんの持ち時間全体の75%も割いている⁈

これは電気ショックのような衝撃でした。

そうして思い起こすと、前にいた部署の営業部長は「営業の仕事は二毛作だ」とよく言っていました。

昼間に外で人に会う仕事をぎっしりと入れているため、夕方に帰社してからが事務仕事や社内会議、企画書作成などの時間。

日中に外仕事で7〜8時間使ったとしたら、そのあとの社内仕事に同じくらいの時間がかかる、外仕事と内仕事とまったく違うタイプの仕事2種類を1日でやっていたようなものだから二毛作だ、と。

その部署の営業さんの場合には、外回りの仕事は、だれかと会って熱くコミュニケーションを交わしていく中で形になる創造的《クリエイティブ》な作業だとすると、社内仕事はひとりでクールにこなすメンテナンス作業。その社内仕事が夕方からしか始められないのだから、必然的に深夜までの残業が多かったようです。

わたしがやっていたことといえば、世界の社長さんたちが25%しか費やさない種類の仕事に、持ち時間のほとんどを割り当ててしまっていたようなものでした。

「14時〜15時　○○さんとミーティング」と書き込んでいる日に見える予定はいわば氷山の一角のようなもの。水面下にはその何倍もの氷山があるのです。

ミーティングの前には資料が必要かもしれないし、そもそもアポをとらなくちゃいけない。そのアポにこぎつけるまでに下準備もいるかもしれない……などの段取り部分の時間を見積もらないことがほとんどでした。

いつも、ぶっつけ本番、ぎりぎりセーフの綱わたり。

でも、サキドリする、と決めたからには、このあたりの準備まで前倒し前倒しで考えていかなくてはなりません。

下準備まで予想できる範囲で、極力、手帳に書き出す努力をしていきました。

14時にミーティング、会社から45分かかるから余裕をみて13時に出発、その前には資料を揃える。ランチの時間も取りたいから、できれば12時までに。

もしも人になにか仕事を預けて行く必要があるならば、預けられる状態に仕上げるまでさらに時間を余分にさかのぼって確保する……といった内容を、バーティカル手帳のそれぞれの時間に書き込むようにしたのです。


できる人からすると、かなりレベル低いですよね。


でも、もらった資料を整理もせずにばさっとまとめて放置して、後になって、あれはどこに行った〜、あれ〜出てこないよ〜なんて探していたわたしです。

後先考えずに目の前の仕事に追われ、新しい予定が入るたびに右往左往していた頃に比べるとこれでも格段の進歩！　進化です。頑張れダメ子！

大きな目標は小さなタスクに分解

雑誌編集の仕事の中で、文章を書くのは、わたしがいちばん好きな作業でした。じぶんのペースでできるし、文章の書き方で、同じ写真でも見えてくるものがまったく変わる瞬間があることがとても楽しく、やりがいがある仕事だったのです。よその方とのやりとりが減る分、ミスをする確率が格段に下がる、というのも実は、原稿書きが好きな消極的な理由のひとつでした。

あるとき、いつもより長い原稿を書かなければならなくなりました。職人肌で厳しいけれども、わたしのことを考えて指導してくれる先輩とペアで組む仕事です。変わらず慌ただしい毎日でしたが、作業時間をサキドリしておくこともいちおうできています。

でも、結果は惨敗。原稿はやり直し、ダメだしの連続で徹夜しても仕上がらず、結局、締切に間に合いませんでした。おまけにムリをしたので体力も落ちて注意力が散漫になり、また別の失敗まで引き起こしてしまいました。

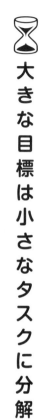

仕事の中では多少は得意だと張り切っていた原稿書きなのに、また失敗だわ。

原稿すらまともに書けない、仕上げる時間を含めて、作業の時間を見積もることができないなんて、とさらに落ち込みました。

やっぱりこの仕事、わたしには向いていないのかも……。


それでも、なんとかしなきゃ。

次回もまた締切に大幅に遅れて迷惑をかけるのは避けないと。

憧れの仕事に就いたはずなのに、なにをやってもうまくいかない。

どうしてだろう?


なにかヒントがないか、と書店をウロウロして見つけたのが、「夢をかなえる」というキャッチコピーがついたいくつかの本でした。

なにか役立つ話が載っているかもしれない。

その中に、大きな目標を日々確認することで今日やるべきことを考える、ということを書いてある本が目にとまりました。

夢をかなえるためには、まずは大きな目標を設定して、そこにたどり着くために積み重ねるべき小さな課題へとブレイクダウンしていくという方法が書かれています。

「たとえば3年後に留学したい」と考えているとするならば

そこにたどり着くためには、今から1年後に何をしているべき

← そのために、この1カ月後に何をしているべき

← 1週間後に何をしているべき

← 明日何をしているべき

← 今日は何をするべき

というふうに、大きな目標を今日やるべきことに分解していけば、具体的にやることが見えて、確実に目標に近づいていけるというわけです。

「なるほど！」と、すんなり頭に入ってきました。

目標設定や時間管理などが得意な、できるビジネスパーソンの方には、きほんのき、当たり前の話かもしれませんね。

でも、ダメ子なわたしにとっては、またしても目からウロコの話でした。

それにしてもあなた、「何回、目からウロコが落ちればいいの」と思われるかもしれませんが、ダメすぎて、だれもがやっていることも知らなかったのです。

これはそのまま、わたしの仕事にもあてはまるかも！

それまでのわたしは「原稿を書かなくちゃ」と、ざっくりイメージしていても、その「原稿を書く」という大きな作業の中に、いったいどんな細分化された作業の積み重ねがあるのかを意識したことがなかったのです。

たとえば、本気でやせようと思ったら、「あと5キロやせたいわ」と言い続けるだけではダメ。

じぶんの現在の体重や体格を分析して適正体重を割り出し→いまどんな食べ方をしているのか認識し→ムリなくリバウンドなく減らして行くためには1日にどれだけの

カロリーを減らしたり運動したりする必要があるのかを考え、そのうえで、毎日実行しないと実現しません。

原稿だって同じこと。

いやあらゆるコト、シゴトに共通するでしょう。

そこで雑誌の取材記事での原稿の場合「原稿を書く」という作業の中には、どんな行程があるのかを考えなおしてみました。

「取材」「資料集め」「アウトライン作成」「書く」「推敲」など。場合によっては「取材」の前に「下調べ」をする必要がありますし、「取材」のあとには取材時の録音を文字入力しなおす「テープ起こし」が入ることもあるかもしれません。

あらためて原稿が失敗した理由を考えました。

まず、取材のあとのテープ起こしの仕方がまずかった。

初めて深く接するテーマだったことから、内容への理解が浅かった。

仕事に慣れていなかったわたしは、勘を働かせることができず、いつも甘い見通しを立てていたのです。

慣れていないテーマなのだから、用語のチェックや周辺情報の確認など、ひとつひとつに余分に時間がかかるという想定をしていなかったのが、大失敗の原因でした。

さらに加えて、「推敲」の時間をきちんと考えていなかった。

書いた原稿は、きちんと見直してから先輩に送ったつもりでした。でも先輩の直しをあらためて読み返すと、確かにそれは直されるわ！　とじぶんでもわかるような間違いや表現の粗さが、いくつも、いくつも見つかりました。

書き終えた原稿は、いったん横に置いて寝かせ、別のものに取り組むなどして気分を変えてから再度、すっきりした目で見直さなきゃ、と深く反省したのでした。

分解すると仕事の正体が見えた

いざ「原稿書き」の必要作業を分解してみると、まとまった時間が必要だと思い込んでいた原稿書きは、必ずしもまとまった時間を取らなくても進められるのかも、ということにも気づきました。

だとすると、もっとうまく時間をサキドリできる方法はないかしら。

あらためて、雑誌の原稿執筆という仕事を分解しなおしてみました。

原稿執筆の作業を分解すると

1　資料集め(事前調べ)　サキドリ 可

↓

2　取材、訪問、ミーティング　サキドリ 不可

↓

3　テープ起こし　少しサキドリ 可 (アウトソース可)

↓

4　アウトライン作成　サキドリ 不可

↓

5　書く　サキドリ 不可

↓

6　推敲　サキドリ 不可

すると、ぼんやりと仕事の正体・タイプのようなものが見えてきました。
仕事や予定には、

1　動かせる／動かせない　がある
2　ひとりのメンテナンス作業／だれかとのクリエイティブ作業　がある

1は、相手先があるかどうか。会議や取材、さまざまな行事などは動かせませんが、逆に言えばそれ以外は動かせる。動かせる仕事をなるべくうまく調整して、動かせない仕事にマイナスの影響が出ないようすることが大切。
2は、営業部長や世界の社長さんのところでも触れましたが、クールにたんたんとこなせる段取り的なメンテナンス作業と、熱いコミュニケーションが必要になってくる取材・営業や原稿・企画書を書いたりするクリエイティブな作業です。やはりこれもクールな仕事をさくさくと終わらせて、熱い仕事の方に余裕を持って取り組めるようにしていきたい。

この1と2を組み合わせると、仕事は4種に分類できます。

仕事の正体を分解する

	動かせる	動かせない
メンテナンス	・資料集め ・事前調べ	・フォローアップ ・チャット ・SNS連絡
クリエイティブ	・アウトライン作成 ・原稿執筆 ・推敲	・取材 ・訪問 ・ミーティング

たとえば、わたしの原稿執筆でいうならば、まとまった時間が絶対に必要で、動かせないのは外部の取材先との約束である「取材」。ほかにできれば、まとまった時間を取りたいのは「アウトライン作成」と「書く」作業。

それ以外は、案外と小刻みでもできそうな作業にも見えてきます。「資料集め」「取材」「テープ起こし」「アウトライン作成」＋「書く」「推敲」は別々の日に少しずつ行って完成させることもできそうです。スケジュールを見ながら、どこか空き時間にあてはめていけそうです。

原稿執筆というのは特殊な例かもしれませんが、営業の新規開拓や企画書作成の準備などでも、比較的、似たような段取りがあるのではないでしょうか？

営業活動であれば、下調べ（事前ヒアリング）→訪問（プレゼン）→提案（再提案）→契約という流れに加えて、それぞれの前後に見込み客へのメンテナンス的な連絡や契約書作成のための社内のやりとりといったことが小刻みに入ってくるでしょう。企画書作成は、比較的、原稿執筆と似ているのかもしれません。

仕事の正体別に色分け・分類する

雑誌編集の仕事は、本当にマルチタスク。

いろいろな種類の仕事が同時に進んで行きます。元々がスローで、目の前のことに集中するとほかのことを忘れてしまうほどのシングルタスク思考のわたしは四苦八苦の毎日でした。

次から次から目の前にすべりこんでくる用事の山に混乱してしまい、常に気が散った状態でなにひとつ集中できず、目の前のことすらまともにこなせなかった。

そのできあがった用事の山を「大変なこと」だと大きくとらえてしまい、そのイメージに追われてそれだけで負けていたのです。

でも用事の山の正体は、ひとつひとつの小さな仕事です。

「原稿書き」の仕事を細分化して、手帳に書き分けながら、そんなことにあらためて気づきました。ひとつずつの作業はそんなに大変じゃない。
それぞれの作業の予定を手帳に書き込むときに、仕事の正体・タイプで分類しながら予定を組むことを意識したら、もう少しうまく時間が作れるんじゃないかしら。

4色ボールペンを使い分け、自分の予定を色分けしてみました。

A（青）動かせない／メンテナンス　フォローアップの連絡・必要書類作成など
B（黒）動かせない／クリエイティブ　訪問・取材などアポイントメント仕事など
C（緑）動かせる／メンテナンス　資料集め・事前リサーチなど
D（赤）動かせる／クリエイティブ　企画書作成・原稿執筆など

そうすればじぶんの持ち時間は一目瞭然。
たとえば、原稿執筆をしたいと思ったならば、大きな時間スペースを生み出せるよう、動かせるメンテナンス仕事は前か後ろに押し寄せ、動かせないメンテナンス仕事やクリエイティブ仕事は、できる限りまとまった時間に処理できるよう整理することを心がけることもカンタンになりました。

仕事の正体を分解する～仕事編～

	動かせる	動かせない
メンテナンス	・資料集め ・事前調べ Ⓒ	・フォローアップ ・チャット ・SNS連絡 Ⓐ
クリエイティブ	・アウトライン作成 ・原稿執筆 ・推敲 Ⓓ	・取材 ・訪問 ・ミーティング Ⓑ

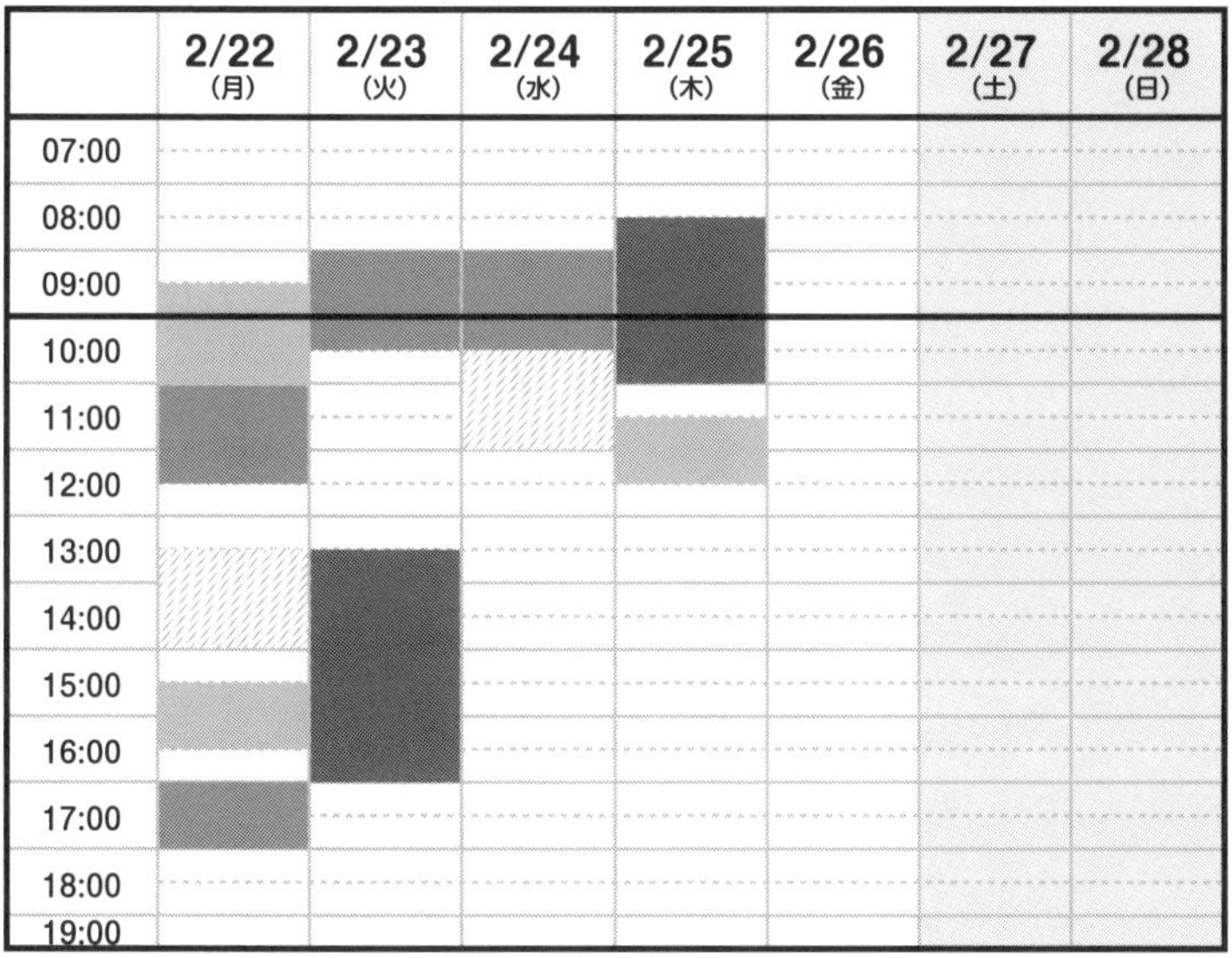

夜中しかまとまった時間がとれないから……と夜中になって全部まとめて作業をしなくても、昼間の空いた1時間ずつに小分けして取り組めることも結構あるかも。同時に進んでいるいろいろな種類の仕事も、細かく分けてサキドリできれば、正体のよくわからない「たくさんある大変そうな仕事」から「小さな具体的な作業のかたまり」に変わっていくんじゃないかしら……。

大きな目標を小さな課題の積み重ねにブレイクダウンする

↓

その小さな課題をサキドリできるかどうかで分類していく

↓

あとは、ひとつひとつの作業をたんたんとこなしていけばいい

そうして、大事な作業に集中する時間を増やしたり、じぶん時間を作ったりしていく。最近は、スマホのスケジュール管理ソフトも充実していますが、それに加えて、手帳に必ず手書きすることで時間の整理を意識づけることにこだわりました。

企画書作成は肉じゃがと同じだった

とはいえ、当時のわたしが描いていた「仕事も家事も、せめてどちらかだけでもきちんとこなしたい」という目標は、あまりに大きく漠然としすぎていました。

頑張りたい。できていないことは山のようにある。

どうしようどうしよう、と右往左往しながら時間ばかりが過ぎて行く状態です。

でも、とにかく「原稿書き」作業を分解したことで、大きなイメージで考えていたことが小さな作業に分けられることが実感できるようになりました。そして、それら小さな作業をひとつずつ順番にこなすだけと考えると、そんなに負担にならずにこなして行けるのでは、ということもわかってきました。

そんなとき、晩ごはんのおかずを考えながら料理レシピをじっと眺めていて、あることに思いいたったのです。原稿書きや企画書作成は、肉じゃがを作ることにそっくりなんだということに！

肉じゃがの作り方というのは、一般的には次のような流れになります。

切る「肉と野菜を切る」
↓
加熱「材料を炒める」
↓
味付け「水と調味料を入れて煮る」
↓
味付け「追加の調味料を加えてさらに煮る」
↓
味付け「できれば、火を止めてから味をしみこませる時間をとる」

さらに細かく分けるなら「玉ねぎを切る」「にんじんを切る」「じゃがいもを切る」など、切る作業を分けていくことができるでしょう。

ひとかたまりに考えてしまいがちな仕事も、実はバラバラにできる。これらひとつずつの作業は必ずしも時間のかかるものではなく、できるときにやっておけばいい。それをひとつひとつ積み重ねれば、確実に美味しい料理ができあがります。

肉じゃがの段取り

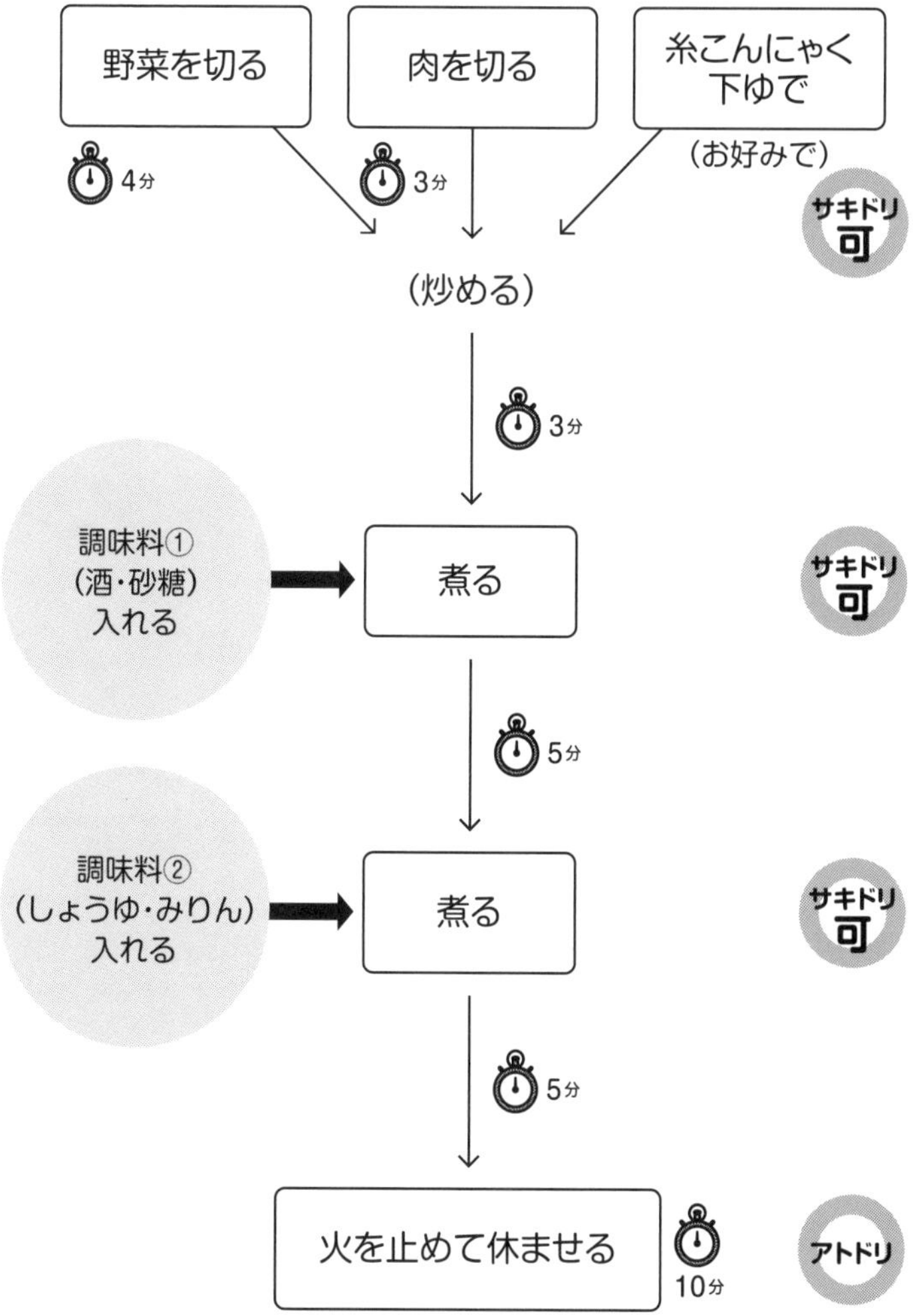

野菜を切る
4分
肉を切る
3分
糸こんにゃく下ゆで
(お好みで)
サキドリ可
(炒める)
3分
調味料①
(酒・砂糖)
入れる
煮る
サキドリ可
5分
調味料②
(しょうゆ・みりん)
入れる
煮る
サキドリ可
5分
火を止めて休ませる
10分
アトドリ

それぞれの工程を、いつどこで作業すれば効率がよくなるか考えてみました。

◎野菜を切るのは前日でも可能だな

◎味をしみ込ませるために時間を置きたいから、前夜や朝に作るとベスト

◎煮ている間は放っておけるから、すきまに仕事が挟めるな→食器洗い中に煮よう

こうして手順を分解して、ひとつずつを「動かせる」仕事としてじぶんの作業のすきまにはめて行くと「なんだか時間がかかる」とおっくうに感じ、いまの生活では作る時間がとれない、美味しく作れない、と思い込んでいた肉じゃがが、あっという間にできあがるカンタンな料理のように見えてきます。

得意なジャンルに落とし込んで分解手順を理解したことで、わたしなりに新しい仕事への取り組み方が見えたような気がしました。

とにかくまだ様子のわからない新しい仕事でも、1日も早く作業を細分化できるようになるまで「タイヘン、タイヘン！」と追われることなく、しっかりと理解することが必要だったのです。

味がしみ込むアトドリ時間も忘れずに

肉じゃがと仕事を重ねたことで、もうひとつ気づいたことがありました。

アトドリ行程の大切さです。

つまり原稿書きや企画書作成での「推敲」過程。

わたしはここの時間を十分にとれていなかったために、仕上がりのクオリティも悪く、またやり直しをする時間も確保していなかったために、いったんつまずくと結局すべての時間が後ろに後ろに押して行ってしまったのでした。

肉じゃがをはじめとする煮ものは、忙しい生活になるとなかなか作れない、とはよく聞く悩みですが、そのいちばんの理由は、火を止めたあと、冷めていくときに味がしみて美味しくなるという工程にあります。

煮たあとに十分に時間を置くことができないと美味しくすることができません。つまり、急いで作ってもなかなか美味しく食べられる料理ではないのです。

大根の入るおでんはもっと時間がかかります。長い時間をかけて煮るよりは、少し煮ては冷まし、少し煮ては冷まし、を繰り返すほうがトータルの加熱時間そのものは短く、でも美味しく作ることができます。

でもその分、前倒しで作業を始める必要があります。加熱時間そのものはそこまで長くはないけれど、寝かせる時間も含めてトータルでしっかり時間を取ったほうが美味しいものができあがります。

ここが、企画書の「推敲」があるとさらに完成度を上げられる、というところに近いのです。

なんでもサキドリをしたほうがよい、というのは確かなのですが、ときにはアトドリしたほうがよい作業がある、という視点も必要。

サキドリで要領よくものごとが進んで結果的にあとにも時間が残ったらラッキーですが、最初からアトドリのために時間を確保しておくことも意識したいな、とこのときから考えるようになりました。

アトドリの時間を残しておくことが、大きな心のゆとりにもつながるのです。

原稿が間に合わなかったときのわたしは、必要な時間の読みが甘かった上、すきまのない予定の組み方をしていました。

いまから思うと、他の人が関わる打ち合わせや取材など、動かせないクリエイティブ仕事が用事のすべて、と勘違いをして、時間いっぱいに詰め込んでいたのだから恐ろしいことです。

当然のことながら、仕事だって一生懸命やっているつもりでもトラブルは起きます。慣れないテーマで原稿を書こうとしたらあらかじめ予定している時間では作業が終わらないこともあります。

でもいっぱいいっぱいに用事を詰め込んでいたら、なにか突発的なことが起きると、それだけで一気に破綻してしまいます。

張りきったゴムは、その限界を超えると切れてしまうように。

なにかが起きたときに、横にもタテにも伸びることができるようなたわみやゆるみを残しておかなくてはならないのです。

時間を貯金として考えるとわかりやすいかもしれません。

じぶんの持っている貯金をめいっぱいに使ってしまったら、急に病気になったり、洗濯機が故障したりしてもそのために支払うお金さえなくなってしまいます。

いまある用事だけですでに表面張力いっぱい、それどころかあふれる状態にまでタスクがあって用事が終わらない、という状態ならば、明らかにキャパオーバーです。

「段取り」というと、作業の準備や運び方、いわば前工程だと思い込んでいましたが、後工程の時間も段取りの一部だった、ということに気づかされました。アトドリのための時間は、なにも予定のない空白時間ではなく、ゆとりを生み出す保険のようなものだったのです。

第2章のA

持ち時間は見える化、タスクは分解。
日々の仕事の正体が見えれば、
道のりはラクになる！

第3章
サキドリ習慣
初級編
「できた!」を増やす

Q

あれもダメ、これもダメ……と
失敗ごとに気後れして
どんどん新しい失敗を引き起こしていない？

ダメ子もおだてりゃ木に登る

きゅうりの塩もみが使えることに気づいた頃のわたしは、「じぶんはダメだ」「できない」という劣等感で張り裂けそうでした。何をするにも自信が持てず、なんとかしたいと思いながらの毎日でした。

そんなとき、取材でお会いしたある新しいレストランのシェフから

「こんなふうにじぶんの料理を書いてもらったことはなかった。本当に嬉しい」

とメールをいただきました。

感動したお料理についてすごさを伝えたい！　とわたしなりに苦心して書いた原稿でしたが、文字数も少ない原稿だったし、間違いがないかどうか、見てもらえればOKくらいの気持ちで確認のためにお送りしたもの。ふつうは原稿チェックに対して、お店のシェフが直にご連絡をくださることはめったにありません。こちらの方こそ、本当に嬉しい気持ちになりました。

「わたしにもできることがあった！」

それは小さな成功体験でしたが、わたしにとっては大きな、大きなビクトリー。豚もおだてりゃ木に登る。どんな小さなことでも、自信を持てるってすごいことだな、と実感したのでした

もっと頑張ろう、と原稿には特に力を入れるようになり、上司からも、「原稿、相変わらず、ものすごい遅かったけど、内容はよかったから許す」と文章の内容についてはほめてもらえる機会も増えてきました。

のちにそのシェフは、カリスマシェフとして大人気に。いまにして思うと、そのシェフの勤勉さ、マメさ、営業努力でもってわたしの原稿にもご連絡をくださっただけなのかもしれません。でもそのことによって、わたしは、食関連の仕事にさらに力を入れるようになり、そのことが結果的にいまの仕事につながっています。

たったひとつの小さなほめ言葉。でもその威力は絶大です。

「できた！」の体験はじぶんで作れる

とはいえ、いくら楽観的なわたしでも、じぶんはダメだ、ダメだ、と劣等感を持って暮らしていては、そうそう仕事での自信を持てる機会は見つかりません。

そんなとき、毎日の生活の励みとなったのは、まだ小さかった娘の成長でした。

わたしがバタバタと暮らしている間にも、この子はどんどん成長していきます。

「すごいね！」

「上手にできたね！」

ちょっと歩いてはほめ、「いただきます」が上手にできてはほめ、保育園で覚えた歌を歌ってくれてはほめ……。娘の嬉しそうな顔を見ると、こちらもただただ嬉しくなる。ほめられたら嬉しいよねぇ、と思った瞬間、疑問がわいてきました。

わたしだって、毎日タイヘンだけど頑張ってるのに……。

成果はあまり出なくて、ヘコむことばかりでも頑張ってるのに……。

大人だと、よほどの成果が上がらないとほめられる機会はありません。

でも、だれにもほめられなくても「じぶんは頑張った。頑張ってる！」と思うことは大事です。

そうだ。

ダメだ、ダメだと思ってばかりのわたしのいいところをなんでもいいから見つけてほめてみればいいんじゃない？

「頑張っているじぶんのことをほめてあげましょう」というのは、ある育児書で見つけた言葉でもありました。

きゅうりで「できた！」とハッピーな気分になれたし、初めて仕事で御礼を言われたことにも味をしめて、頑張ってじぶんのことをほめるポイントをムリヤリにでも探してみることにしました。

「きゅうりを塩もみにしておいたから、おつまみが

一品増えた。エラい！」

「今日はカギも携帯も忘れなかった。エラい！」

「玄関の靴をキレイに揃えて行ったから、帰ってきて気持ちよかった。エラい！」

「今日は朝出る前に洗濯物を干した。エラい！」

「今日は会社を出る前にタスクを終えた。エラい！」

「明日の朝、すぐに取り組める状態の仕事に整えて来た。エラい！」

「今日は夜寝る前にテーブルをぜんぶ片付けた。エラい！」

きちんとした方が見たら、そんなの当たり前でしょ、と思われそうなことばかりです。でも、そんな当たり前のことだからこそ、できているか確認し、ささやかでも自信を持ちたかったのです。


入社した最初の部署での仕事のことを思い出しました。その仕事は制作管理業務で、何の問題もなく雑誌ができあがって当たり前の仕事。なにかが起きれば、どこで起きたことであれ、すべてがじぶんの責任になります。

かといって、ふだん滞りなくできているからと言って、それは当たり前のことであってだれからもほめてはもらえません。営業の方なら、新しい成果が上がればほめてもらえるのに……。

「やりがいを見つけるのが難しい仕事だ」と当時、先輩がよくぼやいていました。ひとつずつ成果の見えるタイプの仕事と違い、滞りなく進行させるための管理の仕事は評価される機会が極端に少なく、失敗したときだけ目立ってしまうのです。

それは家事やお母さんの仕事に似ていたんだなあ、とこの頃になってわかりました。順調に進んでいることが当たり前。すごく頑張ったことが表面にも見えづらいし、ほめてもらえる機会なんてめったにはありません。

でも試しに、じぶんのよかったところをどんな小さなことでも意識して見つけ、ほめるようにしてみたところ。

「できた！」「頑張った！」という喜びは、思った以上に幸せな感情で心を満たしてくれました。

そして明日も頑張ろう、という前向きな気持ちを生み出してくれました。

じぶんで「できた！」を探す作戦は大成功だったのです。

そうしていくうちに「朝やるべきことを前の晩にできた」「帰宅してからでもよい

ことを朝に出かける前にできた」というサキドリができたときほど、満足度が高いことに気づいてきました。

例えば、保育園バッグを前の晩にセットできた、帰宅してから作るみそ汁のだしを朝に支度できた、といったようなことが。

そうか、サキドリすると、もっと嬉しく達成感のある「できた！」が増えるんじゃないの？

書き出して「できた！」貯金を

まずは「できた！」という体験を意識して段取りよく積み重ねて行くために、まずやるべきこと、必要な用事を書き出してみました。そして、それをひとつひとつ、つぶしていってみました。
単純な方法だけれど、これがわたしのようなお調子乗りには効果抜群でした。
ちょっと失敗したことがあっても
「こっちはできていたから、まいっか」

と少しだけ気楽に考えられるようになったのです。

まずは終業してから翌朝仕事に出かけるまで、毎日していること、毎日しなくてはならないことを一度リストアップ。

え、そんな当たり前のこと？　と思ってしまうようなことでも、「できた！」とじぶんを盛り上げるため、わざわざ入れてみました。

「夕食の支度」

「夕食の片付け」

「洗濯物の片付け」

「お風呂の支度」

「全体掃除」

「洗濯」

「保育園ノート」

「明日の荷物の支度」

などなど。

手書きやパソコンでリストを作り、冷蔵庫に貼るなど、目に見えるところに置いておき

ました。そして、これらを端から順番に
□　できた
□　できた
とチェックをつけていくのです。

当たり前のルーティンばかりですが、不思議なことに、あぁ、わたしこんなにたくさんのことを毎日やっているのか！　とじぶんをほめてあげたい気持ちになってくるではありませんか。

じぶんの「できた！」を心の貯金にする、くらいのつもりで始めた書き出しでしたが、思った以外の効果がありました。

書き出すことで、その日のやるべきことが「見える」ようになり、次は「なんだっけ？」と考えることがなくなり、ストレスが格段に減っていきました。

あれもやらなくちゃ、これもやらなくちゃ、と常に追われていた気持ちがなくなったのです。

こうなると、作業のサキドリもますます、やりやすくなっていきます。

書いたことを見ながら作業すれば余計なことを考える隙をはさまないので、結果的にすべての作業が早く終わるようになったのも嬉しい効果でした。

考える手間を減らしてラクした上に、終わったことにチェックを入れて「終わった！　できた！」と嬉しい気持ちになることができるのです。

バカみたいに当たり前の家事を並べたリストでしたが、「わたし、大丈夫。当たり前のことはできてるよ！」と思うことですーっと気持ちがラクになっていくのがわかりました。

先手こそが最良の手

当たり前のことができている、つまり、じぶんが予定した通りのことができている、というのも励みになりました。

これを応用すれば、どんなことでも肯定感につなげることができます。

例えば、慌ただしい1日だったので晩ごはんは外食したとします。

日中の仕事が後手後手になってしまって結局用事が片づかずに、晩ごはんを作れなくて外食になってしまったなら「晩ごはんが作れなかった」とちょっぴり挫折感が伴います。

でも「明日は忙しいから○時までに帰れなかったら外食にする」とあらかじめ決めておけば、じぶんが決めたリストの通りなのだから「予定通りできた！」と思うことすらできるわけです。

じぶんであらかじめ予定しておく＝明日の予定をサキドリして予想しておくことで、バタバタを減らすことができるのです。

それと似た話でお弁当を楽しむ達人の話を聞いたことがあります。

毎朝、新しく作るのは大変だから、夕食の残りを詰めることにした。でも、夕食の残りを持って行くと思うと、なんだかわびしい気持ちになり、せっかく習慣になりかけたお弁当への熱意が薄れてしまったのだそうです。

でもあるとき、夕食を食べるときに「明日のお弁当のために準備をしたものを、先に少し食べているのだ」と思うことにしたとたんに、急にお弁当も夕食も楽しいものに変わったのだそうです。夕食はいわば、お弁当のおかずのつまみ食いといったところでしょうか。

後処理をしていると思うと暗い気持ちになるものが、サキドリしたと思うことで楽しいものに変わる、というこの話はわたしにも発見でした。

だから、日曜日に煮ものを作り置いて月曜にも火曜にも食べる、という前倒しにはいまひとつ積極的になれなかったわたしが、きゅうりの塩もみを料理のパーツとして使うサキドリに出会ったときにあれほど前向きな気持ちになれたのですね。

その発想で考え直すと、なんだ、煮ものであっても、残りものを食べているのではなくて、月曜のためにあらかじめ作ったものを月曜に食べている、残り半分は火曜のためにあらかじめ作ったものだから火曜に食べる、としっかり意識することで「単なる残りもの」から「サキドリの成果」と変えることができそうです。

そんなの単なる思い込みで詭弁だと思う方もいらっしゃるでしょうが、楽しく過ごせるのならそれが最高ではありませんか。

先手をとる、という言葉がありますが、先に行動できた、という気持ちは圧倒的な優位性とゆとりをもたらしてくれます。

洋服のプランもサキドリできた

最初の育休復帰後、あまりのバタバタした毎日を見かねた母が
「1週間分の洋服を決めて並べておくといい、ってテレビで見たわよ」

と教えてくれました。

でも、そのときの気持ちは「まさか！」

洋服はその日の気分で決めたいじゃないですか。

気候だって関係あります。

事前に決めてしまうなんて面白くないわ。

ずーっと行き当たりばったり族だったわたしは、即座にアタマの中で却下。すぐに実行はしませんでした。

独身の頃のわたしは本当に行き当たりばったり。

その日の夜の予定は、その日に決めたい。帰りに洋服でも見に行こうか、映画でも観に行こうか、はたまたCDを探しに行こうか本屋に寄ろうか、空いている友だちと

飲みに行こうか。

その日その日の気分でものごとを決めるのが本当に楽しく、またあたかもそれはライブ感に満ちているように感じられ、とても充実した毎日でもありました。

いかにサキドリと縁のない暮らしを送っていたことかといま思うと苦笑してしまいますが、いろいろな体験ができ、好きなだけ好きなような時間が使え、思いついたままに動けた時期。その時間が持てたことはいまもまったく後悔はしていません。


ですが。

1週間分の洋服を前もって決めてしまうなんてつまらない、と思っていたわたしも、仕事と家事と子育てとで時間がまったく足りない状態に直面し、それは必要なことだった、ということに気づかないわけには行きませんでした。

その場その場の判断で暮らしていたのだから、子どもができたことで脳内のキャパシティはあっという間にオーバー。

子どもの支度をして、じぶんの身の回りのことをする時間などまったくありません。

その分、早起きでもすればよいのでしょうが、前の晩もどんどん後ろ倒しになってきていた用事に押されまくっているので、常に体力ギリギリ、時間いっぱいの生活で、洋服を朝にゆっくり考える時間なんてとてもありません。

そして「遅れちゃう！」と飛び出しては、タイツと靴の色の組み合わせが最悪……なんてことになってしまっていたのです。

タイツと靴の色が合っていないくらいのことは、周りの人から見れば小さなことです。気にもならない人がほとんどでしょう。

でもそれはじぶんにとっては想像以上のダメージでした。

大切な打ち合わせで資料を出そうとしたらネイルの先がはげていた、駅の鏡をふと見ると髪型がいまいち決まっていなかった、おニューの高級ストッキングが慌てていたせいで伝線していた、ガラス張りの自動ドアに映るじぶんの洋服のラインがヘンだった……。どれもこれも、ダメージは大です。

人からじぶんがどう思われるかが問題なのではなく、そこに気が回っていないじぶんの余裕のなさを直に突きつけられてしまうからです。

バタバタで飛び出したら、バッグと洋服とが合っていなかったこともよくありました。朝に余裕がなければバッグを入れ替えるヒマなんてあるわけもなく、ヘタに入れ替えをしたとしても忘れ物をするのがオチです。

そして、その失敗は自信のなさにもつながり、ちょっと弱気のプレゼンを大事な仕事でしてしまうかもしれません。するとそこで自信を持ってできなかったかも、という弱気がまた次の失敗を生み……。

そうです。結果、またしても負のスパイラルに入ってしまうのです。

サキドれば、じぶんのスタイルが生まれる

たかが洋服、されど洋服。そこを解決するためには、

1　考えなくてすむよう、いっそいつも同じ服を着る
2　少しでも朝考える時間を減らすため、事前に考えておく

のいずれか、ということになります。

考えなくてすむように同じ服を着る、というのは極論のようですが、いっそいつも同じ服を着ていることで、はっきりとしたアイデンティティとして認識してもらうことができます。

その頃、隣の部署の女性誌の編集長は、いつも黒い半袖ニットに黒いタイトスカート、黒いパンプスでした。いっつも同じ服みたいだけど……と思っていたわたしに、ファッション担当の先輩が

「あれ、みんな同じに見えるだろうけど、ちょっとずつ違うのよ。しかも、全部高価なブランドものだから」

と教えてくれました。

その編集長はじぶんのスタイルとしてきっちりパターンを決めていたのです。

考える時間が惜しいから、という理由よりは、これがわたしのスタイルだから、という理由だっただろうとは思いますが、こういう服の選び方もあるのだなぁ、と衝撃的でした。

ちなみに数年後、よその会社に移られたその編集長に渋谷でばったりお会いしたことがありました。そのときにもやはり黒いニットに黒いタイトスカート。足下はちょっとだけ違う黒いショートブーツでしたが、ほとんど変わらぬそのお姿にとても嬉しくなりました。

同じような服を着る、というのは決してネガティブなことでも恥ずかしいことでも

ない、と教えてくれたのです。

まったく洋服を気にしない人になるよりは、同じスタイルを貫けるようになりたい、とその方を見てしみじみ思いました。

とはいえ、そこまで割り切るのはよほどのポジションの方でないとなかなか難しいかと思います。現実的には「事前に考えておく」という方法に結局行き着くのかな、とわたしもようやく納得できるようになりました。

この事前に考える方式については、数年前に、その部署の女性誌に「ある編集者のおしゃれプラン」という見開きページがありました。

本当に洋服が大好きなその編集者さん、なんと、1カ月分の洋服プランをノートに書き込んでいるというではありませんか！


1週間分の洋服を事前に決めておくことは決してかっこわるいことではなく、むしろおしゃれを楽しみたい人にとっては必要なことだったのですね。

確かに朝に時間がなくなりアンバランスなバッグと服で出かけるよりは、寝る前にじぶんが決めた通りのものを着たほうがよっぽどマシです。

ひとつずつ積み上げれば、仕事は終わる

家事が苦手なわたし。

とりあえず家事だけは、なんとかしたい、とわらをもつかむ思いで町田貞子さんというスーパー主婦の書いた本を読んだことがあります。

家事が苦手なくせに、よりにもよってスーパー主婦の本です。

大混乱した生活の中で「きちんとしたい！」と思い込むあまり、身の丈に合っていない、きちんとした本を選んでしまいました。

じぶんがなるべきだと思い描く姿と、実際にじぶんにできることとの、いわゆる理想と現実とが正しく把握できていなかったのです。

その本の中には、わたしがやることすら思いつきもしなかった、とんでもなく難易度の高そうな家事（季節が変わったら座布団カバーを張り替える、お客様用スリッパの底をぬるま湯と中性洗剤で手洗いにする、などなど）がたくさん載っていました。

わたしには、できていないことがまだまだこんなにもあった！　とさらに落ち込むきっかけとなってしまったという、いまとなっては笑うしかない思い出深い本なのですが、その中にひとつだけ、そのときのわたしに大きなヒントを与えてくれた素敵な言葉がありました。いわく、

「片付けに最短の方法はありません。目に入ったものをひとつひとつ片付けていくのが結局いちばんの近道なのです」

片付けベタとしては、仕事と同じで、まず「こんなにも片付けなくてはならないものがある」「こんなにも散らかっている」という現実に押しつぶされて、いったいなにから手をつけてよいのかわからなくなってしまいます。

整理整頓も苦手なのに、ついつい分類してから、なにか整理をしてから、と思っては、むしろ混乱を広げてしまいます。

ですが、達人は、こういうのです。

「ひとつひとつ、端からこなして行くしかない」と。

試しにある夜、ひたすら部屋の端から、目についたものをつかんで移動させ、片付けるという動作を無心で繰り返してみました。

するとなんと、「どうしよう、どうしよう」と必死に考えながら作業するときに比べて、とても早かったのです。しかも、端から順に無心に動かして行くだけなので、いつものような気持ちの混乱や落ち込みも感じなかったのです。

とにかく「ひとつずつ片付けるぞ！」と決めて、ひとつずつ運んで片付けて行きます。その作業はあたかもジョギングや素振りのようでした。

目についたものから、ひとつずつこなして行く。その作業がとても心地よく、達成感がありました。小さな達成感でしたが、なんだか安らかな気持ちに。

そこで、仕事でも、ひとりでクールにこなすメンテナンス作業は、とにかく端から順にやってみる方法を試してみました。そのかわり、それをやるときにはよそのことには気を取られないよう、集中して、ひとつを終わらせるようにしてみました。

メールを書くなら書く。請求書を作るなら作る。写真の整理をするならする。とにかく、いまやっていることをさくさくこなして、終わらせるように意識したのです。横から新しく来た用事も、とりあえず緊急でないことを確認したら横に置いて、とにかく目の前のことを終わらせることだけに集中します。するとやはり、格段に作業が早くなったのです。しかも、ストレスも感じず、とてもラクにできたような気持ちになりました。

この感覚については、偶然ですが、のちに読んだ脳科学の本で説明されていました。脳科学の研究では、人間の脳はそんなにたくさんのことをいっぺんにこなせるようにはできていないとか。

同時に複数の作業をこなすことができる脳のワーキングメモリー（作業記憶領域）というのは実は小さいのだそうです。

だから、あっちをやらなきゃこっちをやらなきゃ、と気になっていると結果的に気が散ってしまってなにも終わらなかった！　ということになると書かれていたのです。

それを読んで心から安心しました。

わたしひとりが飛び抜けて無能なわけではなかったんだ……。

たくさんやることがあるときこそ、「○○をしなくちゃ」という脅迫観念は頭から追い出して、目の前のことにだけ集中するほうがずっと早くスムーズに作業が終わることがわかっているのだそうです。

小さな作業に分解したうえで、手持ちのメンテナンス的な仕事はひとつずつ順番にひたすらこなしていく。忘れては困ることや次にやることは、ふせんに書いて手帳やパソコンに貼ったり、リストにしたりして、確認しながらつぶしていく。これは仕事にもプライベートにも、とにかく使える方法です。

献立も先に考えると「できた！」が増える

時短料理セミナーで大切なサキドリとしておすすめしているのが、献立を事前に決めておく、ということ。洋服を事前に決めておくのと同じです。

というお話をすると「その日に食べたいものを食べたい」という意見も当然出てきます。わたしもその気持ちはもちろん、だれよりもわかります。「今日の晩ごはんは何にしようかな」と会社の帰り道に考えるのは、何よりの楽しみでしたから。

そこで、こうお答えしています。

「食べたいものが思い浮かぶときは元気なとき。どうぞ好きなものを作ったり買ったりして食べてください」と。

経験上、調子が悪いときほど、何を食べたいやら、何を作ったらいいやら、まるで思い浮かびません。

会社の仕事ならある程度やることが決まっていますし、ルーティンをこなせば1日をなんとか過ごすこともできますが、ごはんをなににしよう、とルールのない中でぐるぐる迷うと、結局は時間切れに。そしてまともなものが食べられず、ますます料理がおっくうになります。

そういうときのために事前に考えておくと、それが保険になるのです。

本当に忙しい友人の子持ち編集者は、1カ月分の晩ごはんのメインおかずを決めてしまい、手帳に書き込んでいるとのこと。

決まっていることの通りに動くのは、「洋服はなに着よう」「晩ごはんのおかずはなににしよう」と一から考えることに比べれば、はるかにラクです。書き出してあることの通りに動くことは、部屋の端から目についた順に片付けて行くのと同じ、そんなに負担にはなりません。

また、洋服であれ献立であれ、ゼロからその都度考えるよりも、少し考え始めた頭で一気にまとめて2～3日分でもよいのでプランを作ってしまったほうがウォーミングアップの時間も少なくてすむので、結局は時短につながります。


野菜の下ごしらえをするとき、2日分をまとめて切ればまな板と包丁の出し入れが1回分は省略できる、というのと同じです。

わたしの時短料理では、「肉は倍量炒め」が基本。料理でいちばん時間がかかるのは加熱調理ですが、とくに肉の加熱は時間がかかります。肉はいったん加熱すると保存も効きますから、ひき肉などは必ず倍量炒めて、サキドリパーツとして展開することをご提案しているのです。

知り合いの段取り上手ママは「パンを焼いたらオーブンが温まる。その予熱の時間と余熱がもったいないから、そのまま続けてバナナケーキも焼いちゃう」と話してその場のみんなを驚かせていました。

なるほど、と思いませんか。

どうせオーブンが温まっているならついでに、どうせまな板が出ているからついでに、どうせ洋服のことを考えたからついでに……というふうについで作業を増やしていけば、さらに時間のムダは減り、サキドリもうまくいくはずです。

ちなみにわたしは、オーブンを使うときには、オーブンのいちばん下のすきまスペースにさつまいもを押し込み、焼き芋を作ってしまいます。

どうせ温まっている庫内なのだから、熱は使わないともったいない！

濡らしたキッチンペーパー2枚でさつまいもを包み、その周りをアルミホイルで包んでからオーブンのすきまに入れておきます。

例えばケーキを焼くのに40分オーブンを使ったとして予熱段階から入れておけば、焼き終わってオーブンが完全に冷めるまでの時間は1時間半ほど。大きすぎないさつまいもなら十分に火が通り、ほくほくの焼き芋ができあがります。

使ったオーブンでついでに焼き芋ができた！

これもほんの小さなことですが、満足度と幸福感がとっても高い、ついでの作業です。ふだんの仕事までうんとできるようになったかの錯覚すら起こしてくれますよ！

献立を決めておくことに加えて、時短料理のサキドリで、もうひとつオススメなのが、その日に作るもの、使う材料をすべて書き出してしまうこと。

その日使う材料、必要ならばレシピも書き出し、冷蔵庫など見えやすいところに貼ります。

あとはその紙にある通りにひたすら動くだけ。

作っている途中でレシピ本に戻ったり、何度も何度も冷蔵庫を開けたり閉めたりする手間が省けます。

そうすると「できた！」リストを作ってひとつずつチェックしていくのと同じ効果が得られます。じぶんの決めた道筋通りに作るだけなのに、格段に早く仕上がる。その効果は驚くほどです。

作業リストを作るということは「考えながら作業する手間」をサキドリしてしまうということ。

ここでサキドリできる「ちょっと考える手間」「炒める時間」など、それぞれの時間は小さなものですが、積み重ねると大きなものになり、それがあとでゆとり時間を生んでくれるのです。

第3章の

A

ひとつの「できた！」で
自信は取り戻せる！
日々の「サキドリ」で
小さな成功を積み重ねよう。

第4章
サキドリ習慣
中級編
「ついで」を手グセに

Q

そんなに頑張っていると、
パンクしちゃうよ。
仕事も大変、家事も大変、と
いっつもマジメにやり過ぎていない？

仕事脳と家庭脳は両立しない

家事の「できた！」の積み重ねができるようになったことで、少しずつふだんの生活に心のゆとりが持てるようになりました。

それでも、子育てをしながらの仕事は、以前に比べて会社で十分に働けていない、という後ろめたさと常に隣り合わせでした。


そんなジレンマを抱えていた頃、雑誌の編集部から、約4年ぶりに元いた部署の仕事に戻ることになり、慌ただしい生活からだいぶペースを取り戻すことができるようになりました。

これなら、わたしも仕事と子育てを両立できるかも、と思い始めた頃、2人目の妊娠がわかり、再び出産、育休へ。

2度目の育休が空けて戻ったときに配属されたのは、未経験の新しい仕事でした。

そこでは、叱られまくった編集部時代よりも、精神的にも肉体的にもきつい生活が待っていました。そしてそれは、まったくの想定外でした。

会社としては、時短で勤めることができる事務仕事は負担が軽いだろう、と配慮の上に配属してくれた部署でした。

しかしこれが、仕事のできないわたしにとってはストレスだらけ。

それまでに見たことがないような用語の山、初めての伝票と格闘し、疲労困憊《こんぱい》の毎日。神経をすり減らした挙げ句、月々のルーティンである請求書の発行をきれいに忘れてしまうことも1度ならずありました。

当然ながら家でもその疲労は響いてきます。

勤務時間そのものは会社人生でも最も短かったはずなのに、とにかく精神的に疲れ果て、保育園に迎えに行くまでの道すがら、コンビニで買ったチョコをバリバリかじり、甘いコーヒードリンクを一気飲み。

帰宅したらしたで、年中と1歳の子ども2人を抱えての家事もままならず、ぼんやりミスの連続。

「じぶんには、なにか致命的な脳の欠陥でもあるのでは」と真剣に悩みました。

せっかく頑張って身につけたはずのサキドリ習慣も太刀打ちできないどころか、サキドリするほどの体力も残っていません。

「仕事に向いてない」「想像力がない」と叱られまくった以前の部署と違って、新しい部署では、「大丈夫よ」とだれもがわたしのミスを優しくいたわるように声を掛けてくれます。

しかし、優しくされればされるほど、いたたまれない気持ちになり、ついには会社を辞める決心につながったのでした。

振り返って見ればあの頃、じぶん時間をもう少し、しっかりコントロールできていれば、なんとか乗り切れたはずなのに……。

脳はダラダラするのが好き

わたしは元からもの忘れが多く、注意力散漫な性質ではありましたが、この当時の「もしかして脳に欠陥があるのでは……」と不安になるレベルでのすっぽ抜け的なミスはさすがに初めてでした。

「今日は月に一度の請求書発行日だから」と印刷し、封筒まで出しているのに、予期しない電話や初めての事案がやってくるともうおしまい。目の前に封筒を積んであるのにすっかり忘れ、見ても何のことだか思い出せなかったりしていたのです。

それまでの仕事では、ミスを出すたびにじぶんはなぜこんなにも無能なのか、と落ち込むことは数えきれないほどありましたが、このまま頑張って仕事を覚えればなんとかなる、という気持ちはずっと持ち続けることができました。

ですが、脳がきちんと機能していないかもしれない、と思うほどの事態にはなったことはありませんでした。

この時期に味わった混乱と不安と挫折は、きちんと乗り越えたい、なんとか解決方法を考えたい、とずっと思い続けていました。

のちになって読んだ本に大きなヒントがありました。それは「オートパイロット」ということに関する脳科学の本でした。

飛行機のパイロットは10時間以上のフライトをこなすこともザラですが、その10時間すべてを集中して操縦していたのではいくら副操縦士がいたとしても、とてもムリです。神経も脳も消耗しきってしまいます。

そこで、離陸着陸の難しい部分をこなして安定した空路に乗ったら、自動で飛行機を操縦してくれる「オートパイロット機能」に切り替えるのだそうです。その間、パイロットは体も脳もゆっくりと休めることができるわけです。

じつは、人間の脳にもこのオートパイロットのような機能が備わっているのだとか。人間の脳は常に回転して動くとオーバーロードになってしまうので、上手に脳を休ませ、オートパイロット的な時間を作り出すことができるかどうかが、肝心なときに生産性が高まり、瞬発力が出せるかに関わってくるのだそうです。
それは具体的にはぼんやりとまどろんでいるような時間です。
古代ギリシャのアルキメデスは、入浴中に有名な物理の法則を発見したことが知られていますが、偉大な発明や発見などは、発明家や科学者がぼんやり海や木を眺めているときなど、まどろんでいるときに生まれたものが少なくありません。

その本にもオートパイロットを作動するには、頭を使わず、慣れ親しんだ、手グセでできる作業や動作を増やすことが脳の働きをうまく使うコツなのだという説が紹介されていました。

そうだったのか。

会社員時代に味わった最後の数年間の惨めな思いを解きほぐす糸口が見えたような気がしました。

子ども2人を抱えて仕事に通うという新生活にまだ慣れていない中で、会社でも新しい仕事。常に緊張して疲労しきっていたわたし。

10時間のフライトをこなすパイロットとじぶんが同じだと思うのは厚かましい話ですが、わたしの脳のキャパシティを考えたら、そのとき起こっていたのはこういうことだったのか、と納得できたのです。

そして、当時、少しずつチャレンジしていたのが「手グセでできる」ことに取り組むということでした。それは、手作業を「オートパイロット機能」に切り替えるようなものでした。

じぶんの持っている雑多な用事を見渡してみるとクールなメンテナンス作業などは手グセでできることの典型です。

会社の仕事でも家事でもそういうものはいろいろとありました。

家事を並べ替えて、手グセでどんどん回す

わたしの知人で、文字通りのスーパーママがいます。会社の役員として仕事をこなし、とにかく忙しく夜中に帰宅する生活。なのに、毎朝、小学生のお子さんとだんなさんの朝ごはんはもちろん、晩ごはんの準備までを完ぺきにこなし、さらにはＮＨＫの朝ドラを見て出勤しているというのだから驚きです。

さらに、週末になると窓ガラスをふいたり、石けんを作ったり、とにかくたくさんの家事をこなしています。彼女が飛び抜けて有能なのは間違いないのですが、それだけのことをこなしているのには、なにかしら秘密があるはず。

どうやってこなしているんですか？　とある日、思い切って聞いてみました。

「朝起きたらまずコーヒーを飲む。そして子どもとダンナのごはんを作る。朝は必ずスープとパン。そのあと晩ごはんの下ごしらえ。やることとのパターンが全部決まって

いるから、考えないでもサクサク動けるのよ」

と言います。

この方なら間違いなく、仕事も要領よくこなしているのだろうなあ、と心の底から尊敬してしまいました。

ですが、ここには「手グセ」で仕事をすることのヒントが詰まっていそうです。

聞けば「6時に起きてから9時に出社するまで3時間くらいあるから、時間的にもそんなにせかされない」のだとか。

彼女は、毎日のように、夜中に帰宅するハードワーカーですが、帰宅してごはんを食べたら寝るのみ、と割り切っています。その代わり朝は早く起きて、こなすべき家事をまとめて処理しているのです。

そして効率化するためにその順番を習慣にして、ルーティン化をしているため、ムダなくストレスなく多くのことをこなせているのでした。

朝に不在の1日分の家事すべてをこなす、という究極のサキドリ生活ですが、習慣になっていれば苦もなくこなすこともできるそうです。

そうだ、わたしも家事の並べ替えをしてみよう！

ついで仕事の3ステップ＝ばらす→並べる→重ねる

手グセでついでにできる仕事を見つけるには、まず料理から。ヒントになったのがやはり、きゅうりの塩もみでした。きゅうりの塩もみのようなサキドリのパーツづくり以外に、もっとうまく使えるサキドリはないかしら？

そのサキドリを利用すれば、手グセでこなせる作業が増やせるはず。

先にすませておく、という観点でサキドリを考えると、料理はすべてを事前に作ってしまい、冷蔵庫に入れてレンジで温めて食べればカンタンです。

でも、食べるときにはできるだけ美味しい状態で仕上げたい。できることなら作りたてのものも食べたい。そのためには、仕上げの方法がメニューによって変わってきます。

先ほどのスーパーママも、晩ごはんについてはなにもかも作ってしまうのではなく、家にいる人が炒めたり焼いたりと最後の仕上げをする状態にまで整え、材料別に器に入れて手紙を書いて準備するのだとか。

ここはひとつ、料理という仕事の正体を理解するためにも、毎日作っている料理のレシピをバラバラにしてみよう。

きゅうりの塩もみがいろいろな料理のパーツに使えるのと同じように、違うレシピ同士でも共通になっているステップがあるんじゃないかしら。

そう思って料理手順を次のように大きく分けて考えてみることにしたのです。

1 野菜を切る
↓
2 肉類に下味をつける
↓
3 煮る・焼く・炒める
↓
4 味つけする
↓
5 保存する

バラバラにして見比べてみると、「野菜を切る」「味つけをする」などの作業には共通に使えるパーツがたくさんあることが見えてきました。

たとえば、ドライカレーを作るには、ひき肉と玉ねぎを炒めます。オムレツやコロッケでも、ひき肉と玉ねぎを炒めて入れます。

肉じゃがの味つけと、きんぴらの味つけは、実はそっくりです。

きゅうりとしらすの和えものを作るにはきゅうりを輪切りにして塩もみに。ポテトサラダに入れるきゅうりも、ポテトに混ぜる前に軽く塩もみにします。

こうして並べてみることで、共通する作業を重ねてサキドリのパーツを増やしてしまえば、ずいぶん早く作れそうなことが見えてきました。

◎ひき肉と玉ねぎは、まとめて倍量を炒める
◎肉じゃがときんぴらに使える合わせダレを作る
◎きゅうりの塩もみを作る

というように。

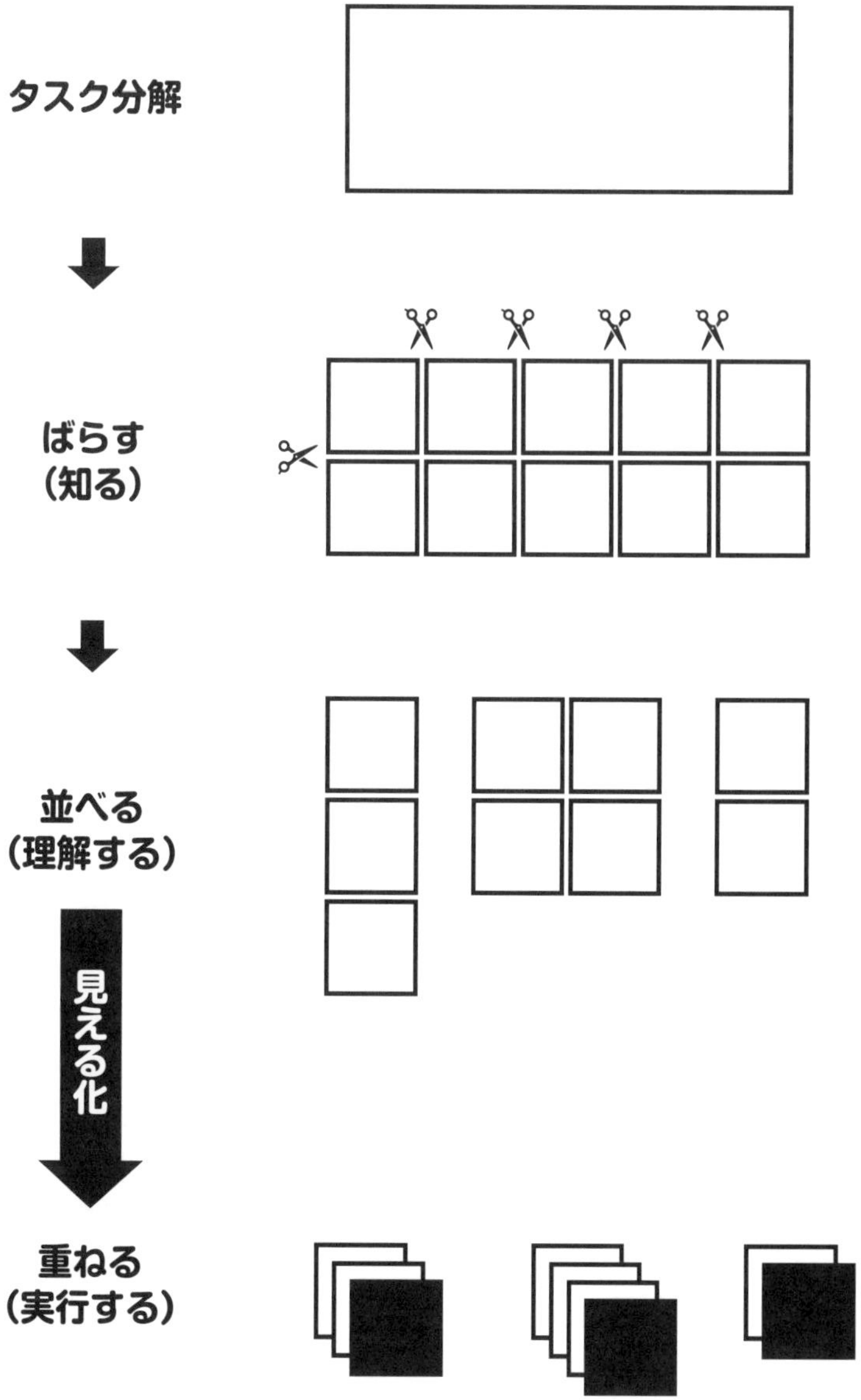

タスク分解
ばらす
（知る）
並べる
（理解する）
見える化
重ねる
（実行する）

メニューをばらしてみることで共通部分を発見でき、共通部分を重ねることで、作業の大きなサキドリができるのです。

この手順にたどり着いたことで、料理は、格段に早くなり、料理へのストレスが減り、家での生活は、劇的に変化しました。この発見がわたしの時短料理につながり、現在、主宰しているワークショップ、講習会につながっています。

料理の時短については『時短料理のきほん』という本で、詳しく書いてあります。

この分類・整理の考え方を、仕事の分類に取り入れていけば、家事や仕事のメンテナンス作業がもっとカンタンにできるかもしれない！

仕事も家事も動けるタスクはみんな整列！

思えば、会社の仕事はルーティンやパターンでいっぱいです。特に、ある種の事務作業などはだれがやってもこなせるようにするのが基本です。

わたしも会社の新人時代には、別のフロアにルーティンの届けものに行くときにはみんなの用事を聞いて預かってはあちこちの部署に配って歩き、ひと通り用事が終わったあとには郵便物を総務部からピックアップして配って歩き、最後に給湯室でコーヒーを入れて席に戻る、という午前中のルーティンがありました。

あまりにも毎日同じで動きながらもヒマなため、階段の歩数を数えてみたり、今日はふくらはぎの筋肉を使って歩いてみるといった筋トレをしたり、最短何秒で階段を上がることができるか測ってみたり、いろんなことを試してみる余裕があったなぁ、と思い出します。

ついには階段を上りながら文庫本を読んだりもしてみたものです。

まだ仕事が少なかった新人時代のその呑気な経験からも、パターン化してしまうことで考える手間が減る。迷う間もなく体が動く、ということはわかっています。パターン化してしまうことで、思いも寄らぬ多くのことをこなせることも。

中学や高校の運動部でこなしていた準備運動なども完ぺきなルーティンで、なにも考えずに最後までこなすことができ、いろいろな考えごとやイメージトレーニングをする時間になっていました。

それならなんとかパターンは作れるはず。


家事にも、「動かせない仕事」「動かせる仕事」があります。

動かせない仕事はある程度、時間の固定されたもの。

小さな子どものいる人ならば、この時間の制約は多いはず。ムリのきかない歳頃ですし、まだまだ規則正しい生活をさせたい。

そうなるとお迎え、ごはん、お風呂などの時間は固定してしまい、ごはんの準備、洗濯、掃除などその他の動きはすべて「動かせる」用事として、手グセでこなせるよう並べ替えるしかありません。

反対に大人だけの家庭、あるいは子どもも大きいとなると、時間固定の用事は少なくなるかもしれません。


こうして並べてみると家事はほとんどがメンテナンス作業。じぶん時間がなかなかとれないなあと独身時代から思っていました。でも2章でも触れたように、社長さんでさえ、時間の8割をメンテナンスに使っているのだ、と思えば家の時間がメンテナンス主体になるのも当然かもしれません。

仕事の正体を分解する～家事編～

	動かせる	動かせない
メンテナンス	・一般家事 料理 そうじ 洗たく Ⓒ	・子どものお迎え ごはん おふろ ・学校の行事 Ⓐ
クリエイティブ	・自分の勉強 ・読書 ・映画鑑賞 Ⓓ	・習いごと ・友人との食事など Ⓑ

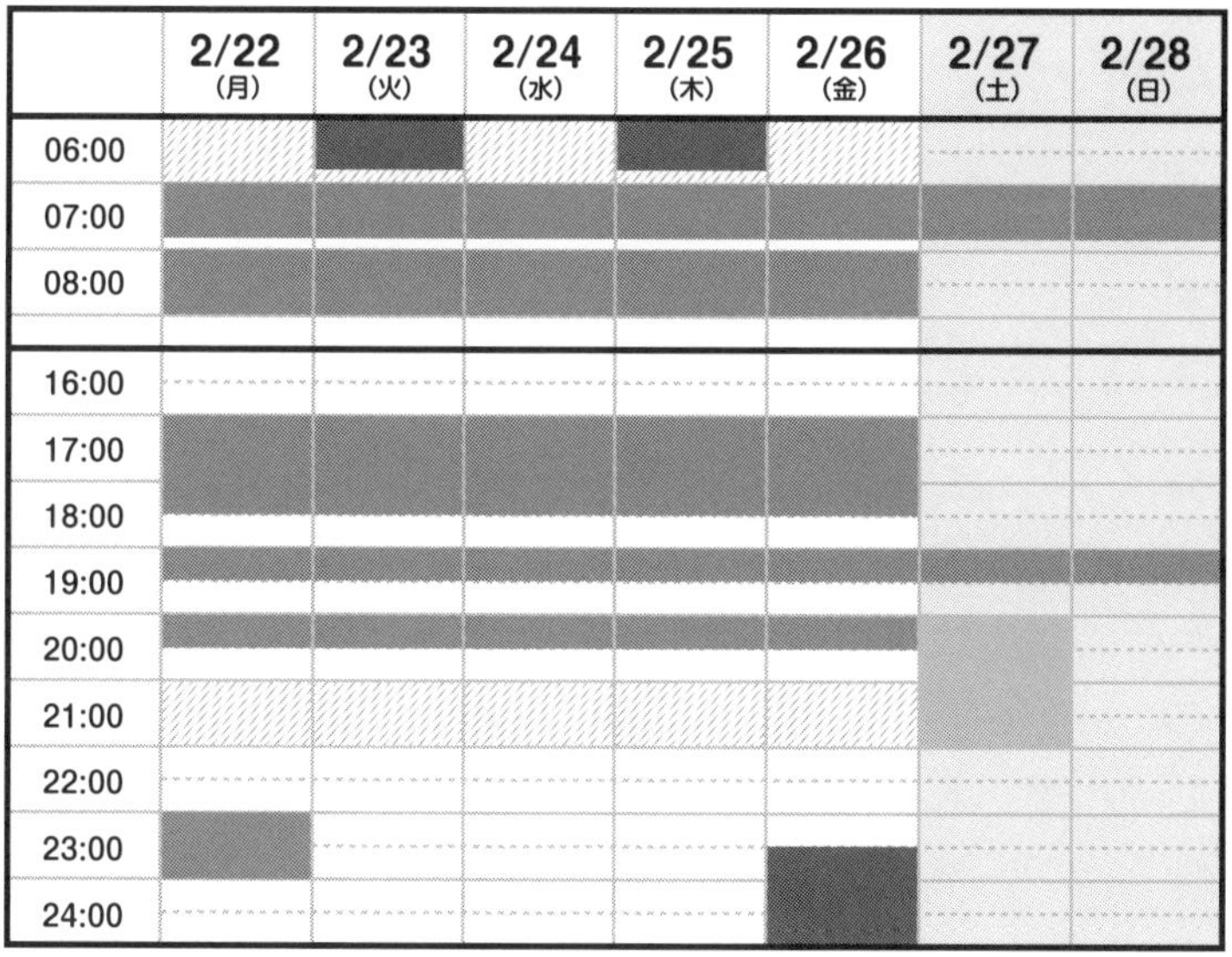

それなら、時間の2割を少しでもクリエイティブな時間に使えるように、どんどん整理していきましょう。

時間が固定されない家事であれば、いつこなしても基本的にはOK。洗濯物は朝に干したほうがよいのでは……なんて固定観念もいったんは捨て、すきま時間にうまく手グセにしておさめていくことを考えてみます。洗濯物は夜に部屋干しでも乾燥機にかけてもいいんですから。

家事には雑多な用事が多いので、割り振りには頭を使いますが、その用事そのものは考えなくてできるものが多いのも事実。

例えば、食器洗い、洗濯物干し、洗濯物たたみなどは単純作業家事の代表選手です。比較的決まった作業の繰り返しなので、それぞれの動作をうまくパターン化していくことも可能なはずです。

例えば洗濯物干しは、単純な作業ではあるけれど、量や内容は日々一定ではないため、やりようによっては結構アタマを使います。ピンチやハンガーの数をムダなくキレイに干せたときなど、達成感がありますが、パズルを解いたりテトリスで遊んだりするような感覚で、これをあそこに、あそこをここに、といろいろ考えながらの作業がときには必要です。

わたしのいまのチャレンジはその正反対。

「いかに考えず、自動的な動きで干し終えることができるか」

例えば、洗濯物は洗い上がった段階で、まず床に広げて種類別についでに分けてしまう。ハンガーなりピンチなり、干し方の種類別についでに分けてしまうのです。

そうすれば、ハンガーにかけるシャツをひたすらハンガーにかけて吊るし、ピンチにはさむ靴下をひたすらはさんでいくだけになり、ひとつずつつまみあげて吊るす場所を考えて……という作業に比べると、機械的に体を動かすことができます。

これをもう一段階、横着にした方法が、干し方の種類別に洗う段階で分類してしまうこと。

例えばハンガーにかけるものなら、それだけをまとめて洗います。そうすれば、洗い上がった段階では一個ずつ順番に干していくだけ。朝の子どもの支度に口を出したり、宿題を一緒に考えたりしながらでも、洗濯物に意識を向ける必要がまったくなく、圧倒的に早く干し上がります。

最近では、テレビを見ている子どもに頼んでやらせてしまうほど。ただハンガーにかけるだけだから「タオルを昆布みたいにしわしわに干して！」なんてイラ立つ心配もありません。


作業の似たものを集めてかためてこなすと、考える手間と時間が省略されて先ほどのオートパイロット状態に入りやすい。

「ばらす、並べる、重ねる」という作業そのままですね。

これを始めてみてから、洗濯物を干す作業がおっくうでなくなり、負担に感じる家事がひとつ減りました。


外出するなら先の用事もついでにすませられないか探す、プリントアウトするならなるべくまとめる、など仕事にもどんどん応用できそうです。

家事や事務仕事でも、きちんと動線ごと、作業の似たもの順に並べ替えてみるだけでも驚くほど作業のスピードがアップします。

また、手グセでできるくらいの作業なら、先の洗濯物干しのように家族に頼んだりもしやすい。理想的には、自分だけの手グセではなく、みんなでルールを共有できるほどシンプルに明文化してしまうと、家族内での仕事シェア、必要に応じては家事の外注にもうまくつなげられるかもしれません。

その際にはロボット掃除機や食器洗浄機、洗濯乾燥機などの家電も上手に活用すればよいですね。

5分の仕事と思うとカンタンになる

慌ただしい毎日では、どうしても手の回りにくい家事があります。たとえばお風呂のていねい掃除、キッチンの換気扇掃除、窓ガラス掃除などがわたしにとってはそれにあたります。

意識していないと、前にはいつやったのかすら覚えていません。汚れが気になってから掃除をする、というスタイルでしていましたので、気になった段階ではけっこうな汚れ。すると掃除をするのがなかなか大変。大変だったから、次回はまた面倒な気持ちに……という悪循環を繰り返していました。

仕事でもありますよね。

日々ファイリングをしておけば「これはなんだっけ?」と並べ直す手間が減ります。顕著な例が清算。移動交通費を日々メモしておけば、月末には仕上げるだけですむものを、ついつい溜めて「この日はどこに行ったんだっけ」と自分の行動を振り返ることからスタートしなければなりません。

なんでも溜めずにすませておけば、掃除も数分ですむし、清算もあっという間。でもわかってはいても、なかなか手がつけられない……。


そこで、きゅうりの塩もみが「5分でできること」と意識することでさらに負担感が減ったのをきっかけに、家事全般まで広げて5分あったらできることリストも作ってみました。

実際には5分では終わらないものもあるかもしれませんが「面倒だなあ」と思う用事でも「5分の用事」とすると、なんだかカンタンなものに見えてきます。そして気楽に取り組み、できたとしたなら、これもまた大きな達成感が得られます。

「5分でできた」「10分でできた」「15分でできた」と広げていくことで、それまでできないできない、ばかりだった家事も、「ひとつやった→できた!」ことの積み重ね

5分でできること

・洗濯物干し
・明日使う野菜を切っておく
・毎日のお風呂掃除
・きゅうりの塩もみ
・だしをとる
・豆を煮る（煮る時間をのぞけば、準備と調理後に保存容器に移すのは計5分ほど）

10分でできること

・ゆで卵を作る
・かぼちゃ、じゃがいもを煮る
・床のぞうきんかけ
・シーツの取り換え
・コンロの掃除

15分でできること

・電子レンジで煮豚を作る
・洗濯物をたたんでしまう
・窓ガラスふき
・語学番組1回分を聴く

に見えるようになってきました。ちょっとしたゲームのつもりで始めたものでしたが、あらゆることが気楽に取り組めることになったのです。

これらの5分、10分、15分リストを増やしておくことで、ちょっとのすきま時間ができたときに「これならできる」とリストからピックアップして実行することができます。

そうしてすきま時間に必要な家事や用事が終わってしまえば、5分でも10分でもじぶんのために使える時間が増えていきます。

予定していなかったことをこなすことができれば、それは立派なサキドリ仕事。予定外のことができた、となるとまたひとつ達成感を積み重ねることができますし、実際にゆとりが生まれます。

メンテナンスにあたる小さな家事や仕事、いったいどのくらいの時間がかかっているのか、いちど測ってみませんか。

ついで仕事をまとめたらじぶん時間ができた

家事ひとつひとつの時間がわかったら、あとはそれをじぶんの持ち時間に合わせて振り分けていくだけです。

先ほどお話しした知人のように、朝にまとめてやる、と決めてすべての家事を並べてしまってもいいかもしれません。

あるいは、食後にゆっくりお茶を飲みながら本を読む、ということを楽しみにして、片付けから明日の下準備までを流れですませている友人もいます。

学校の頃には掃除の仕方は決まっていました。

教室の机をすべて下げ、端から順にほうきをかけてゴミを集めます。ゴミをとったあとで机をぞうきんで拭く、などのルーティンが決まっていたかと思います。

それを思い出して、なにも考えずとも流れるように作業ができるよう、少しでもじぶんの動きやすい方法を増やしておけば、気持ちの負担を減らすことができます。

パターンとして身につくまで、リストにしたものを確認し、少しずつ修正しながら進めていくとよいと思います。

パターン化するほか、ついでにできることを少しずつ増やしておけば、さらに負担が軽くなって続けられる、ということにも気づきました。たとえば、お風呂に入ったときに、ついでに1、2カ所磨いてしまう。歯を磨いたときに洗面台もふく。テレビを見るときに周りのほこりもふく……などなど。

「掃除をしよう」と思って立ち上がるのは少し面倒ですが、使ったとき、目についたときにさっと掃除してしまえば気楽ですし、さして時間もかかりません。

テレビのニュースでも見ながら玉ねぎの皮はまとめてむいておいたり、野菜を使いやすく切って保存袋に入れておいたり、食後のお茶のお湯をわかしたときにコンロにかけてふいて汚れを落としてしまったり。

夕食の支度をしているとき、野菜をついでに倍切って塩もみにしておけば明日のおかずになりますし、ついでにひき肉を倍量炒めておけば、次にすぐ使えるそぼろになります。

こうして、少しずつ、少しずつ多めに作ったものを次回に回して行けば、残りものを使っているという感覚はないままに、常に下ごしらえの一部は前回の料理のときにサキドリをしている状態を作り上げることができます。

常に銀行に少し貯金をしているようなもの。この貯金は大きなゆとりを生み出してくれます。気持ちのゆとりだけではなく、結果的には、クリエイティブ作業にかける時間を増やしてくれ、じぶん時間も生み出すことができます。

会社員時代最後のわたしは、会社の仕事で常に新しいものに直面して緊張し疲労していました。

そのとき、もっと家の中で負担なく回せるルーティンを増やしておいて、せめて家の中での過ごし方のストレスを軽くしておけば、もしかすると会社での仕事の疲労も回復することができたのかもしれない、と思うことがあります。

家での生活は仕事への段取りの一部と言うことができるかと思います。家の生活を整え、余裕を持って外に出るからこそ、外での緊張や疲労も受け止めることができるのではないでしょうか。

人間の脳や気持ちのキャパシティは決まっているからこそ、どちらもいっぱいいっぱいでは会社員時代最後のわたしのように破綻してしまいます。ルーティンにしやすい家のメンテナンス作業こそ、完全な手グセにしてストレスなく回せるように習慣づけしたいとあらためて思うのです。

習慣をひとつずつ増やす

昔の上司で、マラソンが趣味の方がいました。その方は「趣味」と呼ぶには申し訳ないほどの記録保持者で、マラソン雑誌にも市民ランナー代表として掲載されているような方だったのです。

てっきり、学生の頃から陸上部で活躍した筋金入りのランナーだと思っていたら「走り始めたのは30歳。はじめは100メートルしか走れなかった」

というではありませんか！

座りっぱなしの仕事で太って体調も悪くなってしまい、運動しなくては……という思いから走り始めたとのこと。

でもしんどくて、初日は100メートルしか走れなかった。でも、せっかく始めてみたから明日も100メートルでいいから走ってみよう、翌日も100メートルだけ走ってみよう、と続けるうちに500メートル、1キロと距離が少しずつ伸び、気がついたらハーフマラソン（21キロ）やフルマラソン（42・195キロ）が走れるようになっていたのだそうです。

その方はそのまま記録も伸ばし続け、雑誌に載るほどの人になってしまったのだからびっくりです。

似たような話は複数の方から聞いたことがあります。

「はじめは100メートルだったけど、いまはフルマラソンが走れる」と。

少しずつ、少しずつ増やして行くから気持ちにも負担にならず、いつのまにか体力がついていくのだそうです。

「2キロくらいから始めてみよう」

といきなりムリをすると挫折する。ほんの少しからスタートして

「あれ、100メートルならできた！」という気持ちから入って行くのがコツなのだとか。

家事をきちんとしなくちゃ、と頑張ろうとしては難しい家事の本を読んで挫折し、仕事をきちんとしなくちゃと頑張ろうとしてはとっかかりがつかめず、つまずいてばかりいたわたしには耳の痛い話です。

少しずつだけど確実に体力がつき、少しずつだから負担にならずに「走ること、走れることが当たり前である」という意識に変わるのですね。腹筋も最初は数回しかできなくても毎日のようにしていけば、5回10回と徐々に回数は増やして行けます。

いま身についている生活の仕方を変えることはなかなか大変ですが、少しずつ、少しずつ変えて行けば、さほどの苦労もなく、100メートルを42・195キロの距離まで伸ばすことも人間には可能なのですから。

千里の路も一歩から。100メートルから始めるつもりでスタートして少しずつ習

慣にしていけば、びっくりするようなことまで1日の中でできるようになってしまうかもしれません。

よくよく考えてみれば、生まれたときにはなにもできなかったわたしたち。乳幼児から小学生、中高生と経て大人になり、社会人になって経験を積んで、いつの間にか「大変で毎日バタバタ！」とぼやきながらも、家事、仕事、地域との関わりなどなど、いろいろな役目をこなしています。

これも、少しずつ、身について来たスキルなのでは？

とすると、少しずつ習慣にしていけば、さほど苦にならずに人は驚くほどたくさんのタスクをこなせるようになるはずです。

さらには、それを上手にまとめてルーティン化してしまえば、どんなことでもラクに身につけられるのかも?!

よその方の話を聞いていると、ひとの習慣や常識はここまで違うものか、と驚くことがあります。

これまでいちばん驚いた話は、ある方のお母さまのお話。とにかく家事のマメな方で、シーツからお父さんのパンツまで、毎日アイロンをかけていたのだとか！

はたから聞くとびっくりするような話でも、その方にとっては流れの中でこなせることで、負担にもなっていなければ、時間も十分にやりくりができていたのですね。

実はわたしは、家事の中でもアイロンがけは特に苦手。

幸い、夫もスーツを着る仕事ではないため、日常的にかける習慣がなく過ごしていますが、たまの夫の出張で1週間分のシャツをアイロンがけ、となると1時間半もかかっていました。

そうなると、ますますおっくうになり、よほどの必要がなければアイロンは使わなくなってしまいます。使わないからヘタになる、ヘタだからますます使わなくなる。悪循環です。

が、これではいけない、と少し前に思い立ち、アイロンとアイロン台の置き場を変えてみました。

とにかく出しやすいところに置いて「出すのが面倒だな」という気持ちを極力追い

出し、洗面台でかける、と決めてしまうことで「さて、どこでかけるか」という迷いを減らしました。

結果、かなりおっくうに感じていたものが、あ、ハンカチのアイロンがかかってない、と気づいたときにすぐにアイロンを出してコンセントをさす、という流れ作業でできるくらいには身についてきました。

このまま行けば、遠からぬ将来、娘の制服のアイロンがけなどで否応なしに毎日かけるうちに、さらにハードルが下がって身近なものにできるようにはなれるかも！とはいっても、夫のパンツにまでアイロンをかける日は、わたしには一生訪れなさそうですが……。

料理も同じです。

昆布やしいたけ、いりこなどを水につけて冷蔵庫に入れておけば、すぐに使えるだしになる、とはわかっていても、なかなか習慣にするには時間がかかります。

冷蔵庫に指定席を作り、昆布やしいたけ、いりこは常に出しやすい場所に置いておくことで、自然と手が伸びる習慣になります。使いやすいじぶんが好きになれる容器を見つけることも、小さいことだけれど大きなポイント。

ラクに手グセでこなせる習慣を増やせるよう、続けられる楽しい仕組みをどんどん作っていきましょう。

第4章のA

ついでにできる気楽な仕事を
増やして行けば
ラクラクゆとり時間を生み出せる！

第5章
サキドリ習慣
上級編
いろいろ「サキドル」ともっとラク！

Q

じぶんでちゃんとやろう！
と決めた「サキドリ」、
ちゃんと実行できてるかな？
めんどくさくなったりしていない？

「めんどくさい」オバケにおそわれる

いろいろなサキドリも身につき、とにかく先にできることを見つけるよう先を先をみる努力を始めたわたし。

生活もようやく少しずつ整ってきました。

でも、そこで根本的な問題に直面したのです。

そもそも、わたしはとんでもない横着もの。

先にやればよい、このすきま時間に取り組めばよい、とアタマでわかってはいても、なかなか気分がのらなかったり面倒なことに感じてしまったり、挙げ句の果てには「いま、この取り組みをしたらよいとわかっているけど、物理的にいま10分しかないからムリ〜」なんてじぶんに言い訳までするようになってきます。

ルールを身につけるだけではまだダメ。

もっと楽しくラクに取り組める工夫をしなくては……！

欠点だらけのわたしが、特に自覚しているダメな点として、気が散りやすく仕事への取りかかりが遅いという性質があります。

気分の切り替えにとても時間がかかるたちで、ダメ社員時代も、コーヒーを飲んだり、大量に来る郵便を整理しながらのんびりスタート。

そうこうするうち上司から呼ばれたり、電話がかかってきたりして、予定した仕事に入る前に、別のことに気を取られてしまうということのくり返し。

そのへんを上手にやっている先輩がどうしているのか、と見回してみると、みなさん、いろいろな工夫をしていることがわかりました。

導入の儀式を持つ

振り返れば、わたしの直属の上司は、お菓子をよく買って来てくれました。たい焼きだったり、ひと口サイズのワッフルだったり、時にはホールケーキだったり。いろいろなお菓子をいただきました。

彼がお菓子を買ってくるときには2パターン。ひとつは外に出かけて人に会って取材をしたとき。もうひとつは、今夜は家に帰らずに会社で徹夜で原稿を書くぞ、というとき。

人に会って疲れてしまったときや、今日は書くぞというときの気分の切り替えにお菓子を食べていたのです。

ある先輩は、会社で仕事をするときには必ずヘッドフォンをしていました。「忙しいから話しかけるな！」という強烈なオーラを出して、じぶんの仕事に集中する時間を作り出していたのですね。

とにかく音楽好きな人だったので、好きな音楽を聞くことで、気分よい状態で仕事ができていたのだろうと思います。ときに一緒に歌っている声がどんどん大きくなり、夜遅くの編集部に響き渡っていたことをいまでも思い出します。

また別の先輩は、会社に来る道すがら、毎日同じお店で、毎日同じアイスコーヒーとハムサンドイッチを買っていました。毎日必ず、です。

仕事を終えて帰るときや、残業するときのごはんは、必ず同じカレー屋で食べていました。選んでいたのも毎日同じポークカレーだったそうです。

今日はなにを食べよう、と考える手間の一切を省き、時間をひたすら丁寧な仕事にあてていました。

みなさん本当に優秀な方々でした。そして、仕事への集中力もとても高く、気分の切り替えが本当に上手でした。

これはなにかマネしたいと思って、いろいろ考えてみた結果、とりあえずたどりついたのが、コーヒー&ドーナツでした。朝のコーヒータイムはわたしにとって大切な時間だったので、そのコーヒーを飲む時間をよりよいものにしようと思い立ったのです。ちょうど通勤路に美味しいドーナツを買えるお店ができたところでした。

コーヒー&ドーナツというのは、米国での大学生時代に毎朝のようにカフェテリアで食べていた組み合わせ。頑張って勉強をしていたじぶん、夢いっぱいだった頃のじぶんの楽しい思い出と直結する食べものでもあります。

やれば何でもできる！　と意気揚々と過ごしていた頃のじぶんをイメージすることで、仕事がちょっとでもうまくいけば、と期待した部分もありました。

結果的にその習慣はいまでも続いています。

朝、ひとりで早く起きてコーヒー&ドーナツで1日をスタート。じっくりとひとり会議の時間を持ちます。ドーナツが毎日あるわけではさすがにないので、時によってはクッキーだったりチョコだったりと変わりますが、コーヒーとスイーツを傍らに置いて1日をスタートできると今日も1日うまくいく、という気持ちになれます。

たまに早朝からの仕事でコーヒーを飲む時間がとれなかったときには落ち着かず、歩く途中のコンビニでもコーヒーとお菓子を買ってしまうほど。

今日は夜中にも頑張って原稿を書かなくちゃ、というときには、つい特別なスイーツを買いに行きます。

今日は集中して作業をしたい、という日には、BGMをベートーベンにしたり「じぶんは大丈夫！　まだ行ける！」と元気になりたい日には学生時代によく聴いていたロックをかけたり。大きなヘッドホンをしてイメージトレーニングをします。

毎日、同じコーヒーとサンドイッチを食べることはさすがになかなか難しいですが、ある作業をする日には、このコーヒー屋さんに行く、と決めている行き先はあります。そこのお店に行くことで、うっかりスマホでネットサーフィンしたりメールを見てしまったり、と気が散ることを最小限におさえて仕事にとりかかることができるまでには習慣化できるようになりました。

そんなじぶんをふと客観的に見て、昔の先輩たちとまんま同じことをしているなあ、とおかしくなることがあります。意識的に同じことをして、願掛け的に「同じようにわたしも頑張れるはず！」とイメージしている部分もあります。

迷惑をかけまくった、なにもできなかった、と思っていた会社員時代ですが、あの頃に教わったこと、見せてもらったことの多くがわたしの身についているんだなあ、先輩たちの教えがあってじぶんがあるんだなあと思うとそれも元気のもとになってくれます。

マイゴールデンタイムがムダを省く

朝のコーヒー&ドーナツで気持ちよく会社の1日をスタートしよう、と思い立ったとき、もうひとつ大切なポイントは、そのコーヒータイムがいかに静かな環境で迎えられるか、きちんと考えごとをする時間がとれるか、ということでした。

着いたとたんに

「ねえ、昨日あなたが回してきた書類、間違いがあったんだけど……」

なんて注意を受けては、いきなりのトラブルスタートになってしまいます。バタバタして午前中がつぶれ、その日1日、いろんな作業が後手後手に回ることは間違いありません。

幸い、当時いた部署は圧倒的な夜型の職場でした。そこで、朝だれもいない時間に到着すれば、静かな中で、混乱している仕事を少しでも整理できるようになるはず。

じぶんの好きなマグカップを買い、コーヒー&ドーナツでコーヒータイムを取りながら1日をスタート。のんびりリラックスしながら、メールをチェックしたり、その日1日の仕事について優先順位を考えてみるようにしました。
するとと効果はてきめん！　その日は1日、ほんの少しながらもゆとりを持って過ごすことができるようになったのです。

その朝の時間によく会ったのが、編集部で最年長だった先輩でした。
その方は長いキャリアの中で
「朝の静かな時間に仕事をしたほうが片づくんだよね」
という結論に達した方で、部署で唯一の朝型生活を送っていたのです。

その先輩は、ああしろこうしろ、と細かく教えてくれる方ではありませんでしたが、飄々としていて、本当はたぶんなにもかもわかっていながら「これもいいかもね」なんてさらっとアドバイスを下さる方。
ひと言、ふた言、その方と朝に会話を交わすのはとても慌ただしい生活の中での貴重な時間でした。静かに仕事ができることが効果的だったというのに加えて、その方がいた効果も大きかったのだろうな、といまになって思い出します。

フリーランスになってみると、組織で同僚や先輩、上司に囲まれて、守られて働くことの良さを懐しく思うことも少なくありません。

人が少ない会社での1時間は、どんどん電話が入って来たり、だれかに話しかけられたり、上から用事がふってきたり、とわたしを混乱させる要素がほとんどなく、本当に静かに集中することができました。

その時間は、作業時間のサキドリだけでなく、ひとのいない静かなスペースをサキドリすることにもなっていたのだろうと思います。

1時間の価値は使い方で変わる

会社勤めの友人から、朝に早く出勤するようにしたら、ものすごく効率がよく仕事ができるようになった、ということをよく聞きます。朝活といって朝早く勉強したり異業種交流の会を持ったりすることも人気のようです。

長時間勤務をなくすために、最近では、朝8時15分までに出勤したら朝ごはんを支給します、という働きかけをしている会社もあるのだとか。会社ぐるみで朝時間を推奨しているとは、ありがたいような、でも夜型の人には辛いだろうなと想像したりもします。

友人の板前が「なぜ料理人になったのか」の質問に「朝早くに動かなくてよいから。夜型のじぶんのリズムに合っていると思った」という答えをくれたことがあります。

「料理が好きだったから」なんていう月並みな答えを期待していたわたしはびっくりしたのですが、職業選択において、生活時間帯をいちばんに考えたというのは賢いな、と感心しました。

じぶんがよりよく動ける時間帯を考えるなんて意識は、就職した頃のわたしはまったく持ち合わせてはいませんでしたから。

でも、コーヒー&ドーナツの朝時間を持ったことで、ずっと夜型だと思って来たじぶんが心地よく動ける時間帯が、実は朝だったことを知ったのも大きな発見でした。

それまでは、夜に「疲れたな」と思いながらも「これがこの部署の働き方だから」

と知らず知らずのうちに組織のルールにあわせて頑張ってきました。

でも、夜型の編集部のペースに合わせて、グダグダに疲れている夜に作業をすることでますますミスを誘発していたのかもしれない、とも。

じぶんが得意な時間帯に動くことがいちばん効率よく、ムダがないんじゃないか、ということに気づいたのです。


いま現在のわたしの暮らしは朝型です。睡眠は7〜8時間が理想的ではありますが、忙しいときには4時間半になってしまいます。

その場合、どこで4時間半寝るかが重要です。

1　22時に寝てしまい2時半に起きる
2　2時まで頑張って6時半に起きる

同じ4時間半睡眠を比べてみると、明らかに前者の方が疲れが少ない、と実感しています。22時から2時の間に成長ホルモンが分泌されるそうですが、それときっと関係があるのでしょう。

実際にわたしの場合、22時には1日の終わりで気持ちも疲れきっているので、そこでムリを押して作業をしたとして散漫なものになり、ダラダラしてしまいます。比べると2時半に起きれば、そこは静寂の世界。

頑張って起き上がって実際に仕事に入れるまでにはコーヒーを飲んだり、ぼんやりしたり、30分から1時間くらいはかかってしまうのですが、それでも4時くらいには静かな中で集中して仕事ができる、ということになるのです。

同じ時間でもより結果を出すため、また、少しでもめんどくさくなく取り組めるため、なるべくやる気の起きやすい時間帯を使って作業してみることを意識しています。

じぶんの限界を疑え！ 5分ダッシュを試す

「どうして、あと5分というときには馬鹿力がでるのか？」

最近、友人とよく話していることです。

朝、出かける前に洗濯をしていたのに、バタバタしていたら出発まであと5分！

というような状況になると、走り回って、端からひたすらハンガーにかけて、いつもの倍速くらいのスピードで洗濯物が干せてしまったりすることがあります。それだけの時間で終わらせることができるのなら、どうしていつもそれをやらないのか、やればもっともっと時間ができるはずなのに、と思うわけです。

実際、みなさんも経験があるのではないかと思います。

出かける直前。電話がかかってきたりして、持って行く資料を揃えなくちゃいけないのにあと5分しかない！　となると、走り回って支度ができてしまったりすることが。

学生の頃にもあったはずです。

「試験終了まであと5分です」の合図に、フル回転で計算ができるようになったりすることが。

まさに「火事場の馬鹿力」と呼ばれる、とっさに出てくる力です。

そこで馬鹿力を発揮できるのも、ある程度、慣れている作業だから、と言えるのではないでしょうか。

必死に考えながら動かなくてはならない慣れない作業を「あと5分！」で詰め込むと、「時間がない！」と慌てることと「あれをやって、これをやって」と考えることとで脳の負荷が重くなりすぎ、仮に5分の馬鹿力で乗り切ったとしても消耗しきってしまいます。

それに引き換え、5分で必死に洗濯物を干したときには、体力的には少し疲れはしますが、精神的疲労感はあまりありません。

せいぜい「なんでいつも、これぐらい頑張らないんだろうねえ」と笑うくらいのものです。それは洗濯物を干すのは、基本は慣れ親しんだ動作だからです。

以前、雑誌でお掃除の達人のタレントさんが「毎日、タイムを測りながら必死に掃除をしているの。毎日が新記録に挑戦のオリンピックみたいなものよ！」という話をしていました。

毎日それでは疲れてしまいますが、とはいえ、慣れた動作のものに限っては、時間を測って「よし！」と頑張るのはひとつの方法です。

「5分」と決めて無心に取り組んでみる。

そうするうち、5分でこなせる仕事も増えてくるかもしれません。

先日、キッチンの換気扇周りの掃除を試しに頑張ってみたら、5分で終わりました！　愛用しているコストコのキッチンペーパーでまず油を拭き取り、お湯をかけてさらに拭き取り、どうしても汚れの多いところだけ少しの洗剤をつけて拭き取り、ポイントをメラミンスポンジでゴシゴシと拭き取り……と、じぶんなりの使いやすい道具を使ってルーティンを決めて動いた結果です。

さすがに終わったあとには息が切れ、休憩のコーヒータイムをゆっくり取ってしまったため合計するともっと時間はかかったかもしれませんが、5分で終えた充実感は絶大！

つい面倒な仕事に感じて1カ月に一度にしていましたが、これなら週に1回でも頑張れる！　と気持ちが変わったところです。

「5分の作業」パワー、恐るべし！

「今日使う野菜を全部切ってしまおう」とか「今日買ったキャベツまるごと1個を、保存用に下ごしらえしよう」などという作業も5分ダッシュにはおすすめです。

あるいは明日の準備セットなどはどうでしょうか？

「お米を研ぐ。だしを水につける。朝ごはんに使える、きゅうりかにんじんの塩もみを作る」などを書き出してチェックしながらこなせば、5分で全部終わった、も夢ではありません。

じぶんの常識を疑え！　まだ時短できるポイントはある

先日、ある企業さんのお手伝いで一般の方がお料理をするところを見る機会がありました。

わたしは教える立場ではなく、困った方から声をかけられたら答える、という立ち位置。みなさんの作業をただ見ていました。

その日、作ることになっていたのはハンバーグ、グリル野菜のバーニャカウダ、バターライス、煮りんごのデザート。全体の流れを把握しているわたしから見ると、口出ししたいポイントだらけ。

例えば玉ねぎは2分の1個をみじん切りに、2分の1個を薄切りにすることになっていました。みじん切りはハンバーグのタネに、薄切りはソースに使う予定だったのです。

ならば、みじん切りにした玉ねぎはまな板から直接、肉を入れたボウルに入れるのが最短です。その日のレシピは煮込みハンバーグだったので、玉ねぎは生のままタネに混ぜることになっていたのです。

ですが、その場のみなさんは、玉ねぎをまずみじん切りにしたあと、一瞬考え、バットや別のボウルに取り分けます。そしてそこからハンバーグのタネを混ぜる段になって、あらためて肉に混ぜる、という方法を取っていました。

「その玉ねぎ、肉のボウルに直接入れたほうが早いですよ」

と何度も言いたくなるのを必死に我慢。

その日のわたしは、手順について口出しをしてはいけない役目でしたから。

玉ねぎをバットに移し、それをまたボウルに移しかえることくらい、大したことでないといえば、大したことではありません。でも、確実にそこでムダな動作が生じ、洗いものも増えます。全体の流れを見通して、作業を分解し、順番を把握してさえいれば、起こってはこないムダです。

毎日の作業でクセになってしまっていることはたくさんあります。手グセでできるほど習慣にしてしまうのがサキドリには重要、とお話ししてきましたが、その手グセの内容そのものをたまに疑ってみると、思いも寄らない発見につながることもあるのです。

たとえば、わたしの場合。鶏のから揚げはつきっきりで調理せねばならず、時間もかかるので、時間がない日の晩ごはんには不向きだとずっと思い込んでいました。別の作業をしながら油を温めると、うっかり忘れて熱くなりすぎることもあります。

あるとき、冷たい油に卵を入れて作るタイ風の目玉焼きのことを知ったのをきっかけに、冷たい油にから揚げ用の鶏肉を並べて火をつけてみました。

すると大成功！

徐々に揚がっていくので、熱い油に入れたときほど頻繁に様子を見る必要がなく、ほったらかしにしていても焦げずに揚げることができます。

その間に別のおかずを作ることができ、普通にから揚げを作ったときよりも1品副菜を増やすことができたのでした。

シュウマイをフライパンで蒸して作ろうとしたときも、試しに油を塗ったフライパンに包んだシュウマイを順番に並べて行きました。

そうすることで、とりあえず包んだシュウマイを並べるバットやお皿を使う必要がなくなります。包み終わったところで中火にかけ、パチパチ言い始めたところに水を加えてフタをして蒸し煮に。表面はカリッと、中はしっとりと、蒸しシュウマイとはまた違う食感だけれど、とても美味しい一品ができあがりました。

料理研究家としては、これまで当たり前だと思っていたことも疑ってみることで、思わぬメニューが生まれることもあり、というわけなのです。

「できた！」の記憶を呼び出して応援してもらう

記憶はいろいろなものにひもづけられています。

あることをきっかけに、芋づる式にいいことも悪いことも思い出す、ということはありませんか？　わたしはある香りをきっかけに、学生の頃のこと、光景やできごとまでいっぺんに思い出すことがよくあります。

語呂合わせの暗記法はそれをうまく利用したものですね。「７９４（鳴くよ）うぐいす平安京」「１５４９（以後よく）広まるキリスト教」など、語呂合わせで年号や化学記号を覚える、というのは学生の頃に経験しましたが、なにかと関連づけて記憶を定着させる方法です。

これを有効に戦略的に使って自信につなげて行くことができるとしたら、試してみたくありませんか。

プロ野球のイチロー選手は、打席に入ると必ずバットを前に突き出し、左手で袖を引っ張る仕草をします。ラグビーの五郎丸歩選手の祈りのようなポーズもワールドカップのときには大きな話題となりました。

それらはすべて、じぶんの最高のパフォーマンスを引き出すための儀式のようなもので、ルーティンとも言われています。

これらは「アンカリング」とも呼ばれる、ＮＬＰ（神経言語プログラミング）などでよく使われる手法を使ったものですが、成功した記憶、うまく行ったイメージをすぐに呼び出せるようにするのです。

昔から、本番前に緊張したときには、手に「人・人・人」と書いて飲み込む仕草をするとよいと言われたりしますが、これもあながち迷信ではありません。それをより具体的に、じぶんのためだけにカスタマイズしてしまおう、というのがこの方法です。じぶんのいちばんうまくいった記憶、楽しかった思い出を引き出すことで、じぶんのベストな状態を作り出すのだそうです。

そのスイッチをひとつでも持つことができれば大成功。この方法を教わってから、自信がなくなったときややる気が落ちてしまったときにも、すっと上手に気分を切り替えられるようになってきました。

まず、じぶんのとても楽しかったこと、うまくいった成功体験を想像してみます。子どもの頃にかけっこで一等賞をとったことでも、仕事のプレゼンでとてもうまくいったことでも、友だちと久しぶりに会って話したことでとても豊かな気持ちになったことでも、なんでもよいのです。

ひとつ、じぶんが素晴らしくいい気分だったときのことを選びます。楽しかった思い出を強くはっきりとイメージします。

どんな景色でしたか。どんな感触でしたか。どんな匂いがしましたか。

とにかく具体的に思い出し、そのときの楽しい気分を思い出します。

そのイメージが十分にできたときに、なにかじぶんが決めたポーズとイメージを頭の中で合わせます。指輪に触ることでも、指を組むことでもよいのです。

それがうまくつなぎ合わされれば、次に同じポーズをしたときに、強いポジティブなイメージをさっと思い出せるという仕組みです。


わたしの場合には、学生のときにものすごく工夫していい反応をもらったスピーチの記憶を、人前でお話する仕事のときには呼び出すことにしています。

そこに「香り」を使うのはよりカンタンな方法です。

嗅覚は人の記憶と強く結びつき、瞬間的にその記憶を引き出してくれます。なにかの匂いをかいだ瞬間に一気にいろいろなことを思い出したという経験は、みなさんあるのではないでしょうか。

指を組んだりするポーズの代わりに、ちょっと小びんに入れて持ち歩けるようなアロマや香水を嗅ぎながらイメージしてみる、というのもいいかもしれません。この場合には、過去の記憶にない新しい香りを使うのがよいと思います。

ウソのように感じるかもしれませんが「あのときにはうまくできたのだから大丈夫」とそのポーズや香りと一緒に強く思い込めることは何よりもの応援になります。ほかならぬじぶん自身の成功体験だからです。

そしてその確認は、接する相手からの信頼にもきっとつながります。

第5章の

A

ゲームとルールを見つければ
楽しく「サキドリ」できる！

第6章
サキドリの時間術は終業から

Q

仕事に振り回されてへとへと。
家に帰る前に
ストレスだらけになって
疲れ切っていない？

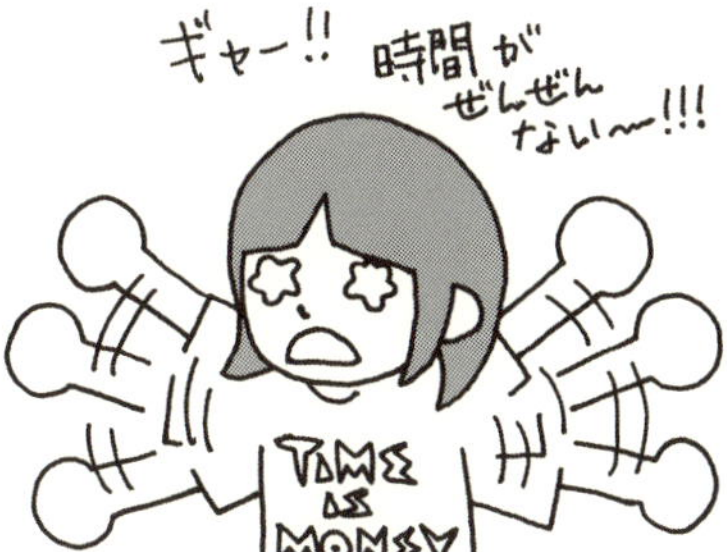

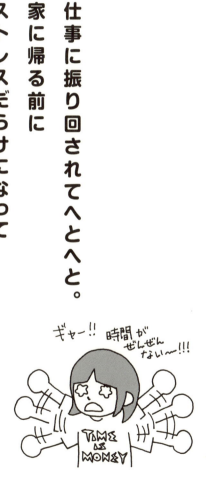

バカ丁寧で人の時間をムダにする

「あなた、そもそも仕事に向いてないのよ」

と言われた頃、別の上司から、こんなことを言われたことがありました。

「創意工夫が足りない」「想像力がない」


それは、雑誌のある特集で取材のアポ取りをしたときのこと。

飲食店ばかりに取材することになり、その時間配分にとても苦労をしていました。

飲食店の営業時間はほぼランチとディナー。お店の仕込みなどの作業を考えると、お店の立場からすれば雑誌の取材は「ランチ後ディナー前の15時から17時くらいの時間」に来てもらうのが理想的です。

それぞれの希望をそのまま聞くと、毎日1軒しか取材できないことになってしまいます。

ところが、このときの取材内容は1軒につき1〜2時間。それだけの取材を1日に

1軒しかこなさないのでは、明らかに時間のムダがありすぎです。

当時のわたしの考えは

「お店に取材させていただくのだから、お店の都合は最優先」

取材させていただく以上は、誠心誠意で対応したい。1日1軒の取材も、必要な時間のムダだと思っていました。

でもその結果、何度も何度も連絡をして仕事のお邪魔をし、カメラマンさんやライターさんには1軒1時間の取材のために1日をつぶさせてしまいました。

丁寧に仕事をしたい、あちこちに配慮したい、と考えたことが結局はだれのためにもならない時間のムダになってしまったのです。思い起こせばそれは、時短料理に気づく前にただひたすら丁寧にごはんの支度をしようとして子どもに大やけどを追わせてしまっていたのと同じことでした。

「お店の都合をただ聞いたら、希望に偏りが出るのは当たり前。そこは午前も使えるかとか、別の日でもいいかとか、こちらの都合を伝えてきちんとお願いしなさい」

と上司に注意されました。

え、じぶんの都合を先に伝えてよいものなの?!

遠慮はだれのためにもならない

「サキドリ」を意識し始めたときのわたしはまだ、基本的に予定はひとまかせ。

2章でも触れた時間術で美容院や原稿などのじぶんの都合は早めに決めることができる、とは気づいたものの、ほかの人が関わる予定をコントロールすることにまで行き着くことがなかなかできませんでした。

受け身な仕事への姿勢と同じく、やはり遠慮がちで待ちの姿勢だったのです。

その結果「動かせない」クリエイティブな仕事にあたる外の方との仕事時間がスケジュール帳に非効率に点在する、という状態が続いていました。

「取材先に誠実でありたい」という意識を強く持っていましたが、その誠実さを、ばか丁寧さ、言うなりになってしまう従順さと取り違えていました。

「お店の都合は最優先」と考えて、カメラマンさんやライターさんたち、いわば身内とも言えるスタッフさんにムリをさせて。そこまでして気を遣った取材先に対しても、感謝されるような結果になっていたか、というと残念ながらノーです。

丁寧に対応するような顔をしながら、結果的には先方の貴重な仕事時間をムダにし、頼りない人と仕事をした、という印象を残してしまっていたからです。


「いつならご都合いいですか」

とまず聞いて、忙しいお店に時間調整していただいて候補を出してもらったとします。でも、よそのお店と希望が重なれば、どうしても調整が必要になります。

そして再度予定を聞く。もういちど調整して、さらに聞く。

とにかく時間がかかってしまいます。


みなさんお忙しいのだから、すぐに返事が来るとは限らず、1日2日待ってから再調整して連絡して……と要領の悪い決め方をしていました。

仕事仲間であるカメラマンさんやライターさんたちからもどうも信頼されていないようで、つい遠慮がちに接してしまい、ますます微妙な雰囲気に……。

でも、こんなスケジュール決めでは、いまひとつ信頼を得られないのも当然だったのです。

じぶんの思いを優先する仕事の運び方をすることで、よかれと思ったはずなのに結果的にひとに迷惑をかけることがある。なのにそこに気づいていない。そのことに対して上司は「想像力がない」と言ったのでした。

上司のアドバイスに従い、思い切って、まずこちらの都合をざっくりと伝えて
「○日か△日、あるいは□日以降ではいつ頃がよろしいですか」
などと、ある程度の候補を絞った上で先方の都合を聞く方法に変えてみました。

すると、あっけないほど早くスケジュール調整ができたのです！

何度も、何度も、調整のやりとりをしていたところが「○日か△日はいかがですか」と初めから聞いてしまうことで1回ですむように。

どうしても先方の都合が悪かった場合に
「では、ご都合のよい日を2つ3つあげてください」

とお聞きし、できる限り調整する、という対応でもこちらの伝え方次第では十分だということもわかりました。

フリーランスになったいまになって、予定を聞かれる側の気持ちがよりはっきりとわかるようになりました。

無限のチョイスから「何日にしよう」と選ぶよりも「○日」と候補が絞れているほうが一日でＹｅｓかＮｏかが判断できて時間をムダにすることが減ります。

事前に全体の流れを作り、主体的にコミュニケーションをとっていく、つまり「コミュニケーションのサキドリ」も必要だったんだ！

またしても、わたしの目からウロコが落ちました。

過剰な遠慮は結局、だれのためにもならないどころか、時間のムダさえ生み出すものだったのです。

そして主体的にコミュニケーションをとるためにも、自分で裁量をしっかり持てるようになりたい、とより強く思うようになりました。

仕事の空回りでストレス度は最大

最近、仕事でお会いしたある企業の産業医さんによると、ストレス度は「じぶんの裁量」と「仕事の量」とのバランスで決まるのだとか。

そもそも「裁量」って、何でしょうか？
その産業医さんによれば、「裁量」とは、「ものごとに対していかにじぶん自身が権限を持ち、じぶんで自由にコントロールできるか」ということ。

仕事量が多ければストレスは増えるのだろうと考えそうなところですが、そこは裁量とのバランスが問題だというのです。

仮に仕事量が多くとも、そこにじぶんの裁量の幅が多ければ多いだけ、反比例的にストレスは軽減することがわかっているそうです。

反対に裁量が少ない立場の人は、仕事がさほど忙しくなかったとしても、ストレスが増大する傾向があるようです。

よく「仕事がいっぱいでいつも忙しいはずなのに、なんだか楽しそうだなぁ」と、バリバリとじぶんの仕事を頑張っている人を見て感じることがありますが、その印象はあながち間違っていないのかもしれません。

じぶんで判断し、ものごとを決めることができる環境や立場であれば、どんなに忙しくなったとしても、それはじぶんの判断の結果です。だからこそ責任感を持って、積極的に楽しんで、その状況を過ごすことができるのでしょう。

反対にまだ社会人としても未熟で、じぶんで判断できることがうんと少ない状態であれば、ストレス度はそこそこ高くて当たり前。それが過労に近い状態ともなれば、ストレス度はマックスです。

それがダメ社員時代のわたしでした。

必要なことをほとんどなにも知らず、全体の仕事の量や仕事の流れが把握できないままに、言われたことを順番にやっていくだけ。当然、裁量はほとんどありません。

仕事量の多い部署ですから、拘束時間は長く、作業量は多い。

裁量なしの仕事を山ほど抱えた状態で、ストレスがとても大きかったわけです。

会社員としては7年目でも、雑誌編集者としてはド新人なのだから当然です。新しい仕事なのですから、上司や先輩たちに教わりながら、ときには見よう見まねで、経験を積み上げて行くことでしか仕事は覚えられません。それくらいのことはわかっているつもりでした。

でも、前の部署でそれなりに仕事を覚え、じぶんの裁量であれこれできるようになってきたと、余裕を持ち始めた頃に、雑誌編集部への異動に。それまで覚えて来たことは通用せず、また一から覚えなおしです。

ひたすら指示を待って従うばかりで、失敗しては叱られてへこむ……。憧れの部署に異動し、ようやくわたしはこれから！　と張り切ったのも最初だけでした。

歳をくっている割に、基本的な仕事の運び方を知らず、時間の管理すらまったくできていなかったわたし。

わからないのだから、素直に「わからない」と助けを求めなくてはならないのですが、どこが「わからない」のかすらわからないのだから、聞くにも聞きようがありません。

困ったなあと思いながら時間をやり過ごし、手遅れになるまで放置してしまう。
本当に困ったことだらけの若くない新人、それがダメ社員時代のわたしの姿でした。

ですが、とにかくわかっていないということをまず伝える。
そうすれば、その一歩からコミュニケーションが生まれます。

思い切って一歩を踏み出してみたら、取引先の方や仕事仲間も、「この子、なにもわかってないな」と思ったら注意してくれる、事前にも要注意ポイントは教えてくれる。どんどん助け舟を出してくれるようになりました。
そうしたやりとりを繰り返すうちに相手をより知ることができるようになり、予備知識が増え、想定できることが増えていきました。助けてもらっているだけのつもりが、いつの間にか、相手の様子を想像することができるようになっていたのは、ずいぶん後になって気づいたことでした。

仕事→プライベートをプライベート→仕事にしてみたら

働き始めた当時のわたしは、「仕事は仕事」「プライベートはプライベート」と、まったくの別のものとしてとらえていました。

それは、わたしだけではないのかもしれません。


「じぶんはいつも仕事に追われてしまっている」

「じぶんは片付けすらちゃんとできていない」


そんな思い込みや劣等感を抱えこみ、仕事がうまくいかないから、時間がなくなって、プライベートがコントロールできなくなる。プライベートが思い通りにならないがゆえに、仕事のパフォーマンスもどんどん落ちてしまう。

そんな悪循環に陥っている方の悩みを、わたしの主催する時短料理のセミナーでもよく聞きます。

出産して、育児休業から復帰したけれども、仕事も子育ても家のこともなにひとつうまくいかないし、とにかく、なにから手をつけていいかわからない、といってセミナーに駆け込んでくださった方もいらっしゃいます。

子どもの頃から勉強はたくさんしてきたけれど、「生活力をつける」ということを、日常の中で訓練される機会が少なく、食事をはじめとする家事全般については、お母さんに頼り切りだったという方は少なくありません。

勉強や部活動に忙しく、積極的におうちでお手伝いをする機会がなかった方ほど、じゅうぶんな家事能力が身についていない傾向があるようです。

そういう方が大人になって独立し、仕事に加えて、炊事や掃除、洗濯、片付けといった生活の雑事がじぶんごととして加わると、たちまちオーバータスク、オーバーフローとなり、あっというまにパンク状態に陥ります。

ひとり暮らしをした経験はあっても、便利な外食や、コンビニやスーパーなどで買った出来合いの食事で間に合わせ、朝ごはんは抜き……、ワンルームのキッチンはほとんど使わないし、部屋の掃除もしない。仕事人とし

て頑張るじぶんに精一杯で、生活人であるじぶんはおろそかに……。

それでも仕事で成果が出ていれば、ちょっと生活が乱れているくらいはあまり気にならないのかもしれません。

わたしの場合は、仕事もダメ、家事もダメ……と気後れしてしまい、すべてが回らない、という悪循環の中でもがいていました。

仕事に追われ、結果的に家事がガタガタに崩れてしまっても、仕事ができないじぶんが悪いから、すべてが回らなくなる。仕事の要領が多少よくなれば、仕事以外もうまく回るようになるだろう、と期待していたのです。

それが妊娠というきっかけもあり、仕事の要領をよくすることと同時に、生活も立て直さなければいけないという状況になりました。食事をなんとかしなければ、落ち着いて眠れる場所を整えなきゃ……。

少なくともじぶんの時間だけは、じぶんで把握してきちんとコントロールしたいと思うようになったのです。

そう思えれば、それが心の落ち着きにつながって、明日の仕事を頑張ろう、という活力になるのではないかな？

せめて1日の仕事が終わりに近づいてきた夕方から次の日の朝、仕事に行くまでの時間だけでもなんとか立て直せないかな？

仕事がうまくいかない↓時間が押せ押せになる↓精神的にも余裕がなくなる↓家を片付ける時間も余裕もなくなる↓家事もうまくいかなくなる

という悪循環を、逆向きにすることを考えてみて、はっとしました。

家事がうまくいく↓家を片付ける時間や余裕ができる↓精神的に余裕ができる↓時間にも余裕ができる↓仕事がうまくいく

そうです。これがきゅうりの塩もみとリンクしたのです。

「料理だけはできているから、なんとか大丈夫」という安心

感は、わたしの元気を取り戻すきっかけになってくれました。時間術を身につけて生活を改善しよう、と頑張る気持ちになれたのも「料理」とそのサキドリありきでした。「料理だけはできている」と言っても、それは、料理がうまくできているとか、毎日ごちそうを作って食べているとかいうことではありません。「家でごはんを作って食べられている」という最低限の安心感でした。そんな小さなことでも、じぶんで考え、準備し、それなりに段取りよくこなせた、という達成感が、想像以上の安心感をもたらしてくれたのです。

この安心感が、会社でのわたしにも多少の余裕を生み出してくれました。

家事を含めたプライベート生活がまるごと、仕事への準備・段取りとイコールであり、すべてはつながっているのだと実感できた瞬間でもありました。

「家事がうまくこなせれば、仕事もうまくこなせるかもしれない」

じぶんでものごとを動かす意欲さえあれば、実際に行動につなげて、小さくても成果につなげられるんだというささやかな成功体験を持てるようになったのです。

それがまさに、「裁量」でした。

人まかせの姿勢では、いつまでたっても役立たずのまま。プライベートも仕事もガタガタのまま。

それでもほんの小さなことでも成功体験を持つことができれば、じぶんの意志で、先の目標に取り組めるようになるのです。

時間管理は終業から始める

そして自分で行動するんだ、という意思表示である「裁量」ならば、たとえ仕事はダメダメでも、いつでも今日からでも持つことができるんじゃない？

わたしにとってはそれが料理であり、終業時から翌日の始業時までの、仕事以外のじぶん時間でした。

おそらく、ほとんどの方にとっても同じなのではないかと思います。

仕事時間が長く、じぶんの時間などほとんどない。家に帰ったら寝るだけ、という方も少なくないでしょう。
しかし、職場の同僚や上司、取引先やお客様など、他の人との関わりがより多く求められる仕事時間に比べると、プライベートの時間は、裁量を持てる範囲がずっと広く、じぶんでコントロールしやすいはずです。

以前、ある講演会でカウンセラーの先生がおっしゃっていたのですが、「じぶんで毎日の生活をコントロールしている、という意識と自信を持つことができれば、家族や仕事仲間にイライラすることも減り、怒ることも減る」とか。「周りに振り回されている」と疲労し、「思うようにならない」と焦ることで引き起こされる不満や不安が、「じぶんのやるべきことをきちんとコントロールしている」と思えるようになって初めて、格段に減るのだそうです。

そうなれば余裕も生まれ、新しいことに挑戦しよう、という気力もわいてくるでしょう。同僚や家族の何気ないひと言にイラッとすることも減り、より謙虚にものごとを受け止め、優しく接することもできるかもしれません。

仕事に振り回される生活にさよならし、主体性を持ってじぶんの人生を回そう！

わたしの人生はわたしのもの。

そうして仕事もプライベートも24時間すべてをじぶんの時間として管理し、うまく循環するサイクルを作りたいと意識するようになりました。


それまで引け目ばかりで過ごして来た仕事も、じぶんの時間の一部を使って
「じぶんが楽しいからその時間は仕事をしているんだ」

「残りの時間を楽しむだけのお金を稼ぎに行っているんだ」

「仕事の時間はだれかの役に立つことに手を貸してあげているんだ」

とポジティブに、かつ自分主体に見直すことにしたのです。


すると、ダメダメと劣等感が強く、ただ落ち込むばかりだった自分の姿を、ほんの少し客観的に見ることができるようになりました。

「まあ、ダメダメだけど今日も頑張ったよ」

と、ダメなりに自分を認めることができるようになり、

「ここの部分は失敗してるから、そこは明日は直してみよう」

と具体的に悪いところを見つけ出して、目標を見つけられるようになってきました。

実際には、ダメ社員時代のわたしはあまりにも劣等感が強く、常にそんな気持ちでいたわけではありません。

それでも、ほんの少しだけ心の持ちようやものの見方を変えたことで、考え方も徐々に変わっていったのです。そうして、今日も失敗もしたけれど、楽しいハッピーな1日だったなあ、と思って生活できるまでになりました。


今日もハッピーだったなあ。

明日も頑張ろう。


充実したじぶん時間は、明日へと続く元気を生み出してくれます。

第6章の

A

じぶんの生活はまず足元から。
プライベートを安定させれば、
仕事もうまく回り始める！

おわりに

下の息子は、いま小3になりました。

毎日なかなか宿題ができず、夜遅くまでぐずぐず。疲れてくるから時間がかかる。遅くまでやるから朝起きられない。朝起きられないから機嫌よく学校に行けない……。

という悪循環に陥った時期がありました。

それがコントロールできないのは親のせいだ、と落ち込みもしましたが、8歳男子だと、うんといい子なら親の言う通りに素直にやりますが、一般的なアホ男子にはそれはムリ。

夕方のうちに「宿題をやったら」と言ってもやらない。「学童保育でやっておいで」と言っても遊ぶのが楽しくて忘れます。どういう伝え方をすればうまく楽しくできるものか、と頭を悩ませていました。

ある日、そんな息子が

「学童で、野球やる前に宿題終わらせて来たよー！」

と機嫌よく帰って来たのです。

なんでも、校庭に出られる約束の時間まで少しあったものの、じぶんには興味のない女の子の遊びが室内ではメインで行われていて、時間が空いてしまったので、仕方なく宿題をやったそうなのですが。いざやったらとても誇らしい気持ちになったらしく、すいすいと終わらせたのだそう。

「時間があるっていいね！」

と帰宅したあとも、遊んだり本を読んだりゲームをしたり上機嫌。

夕食が終わったあとにも
「宿題が終わってたら、夜にゆっくりできていいね。楽しいね」

と何度も言って上機嫌。本来、なかなか夜の寝付きも悪い子なのですが、その日は機嫌よく早く寝て、翌朝も早く起きて来て
「宿題を学童ですませてくると、気持ちがいいね！」

と、さらにさわやか。上機嫌でニコニコしているではありませんか。

「用事は、締切よりも早くすませるのがよい」と頭ではわかっていたものの、ここまで、子どものメンタルにさえも影響があるのか、と驚かされました。

仮に宿題に30分かかるとします。夜に疲れてから始めたらぐずぐずと40分も50分もかかってしまうこともあります。

それが、大好きな野球をやる前にすませよう、と思い切って着手したことで「いつもよりカンタンに短い時間ですんだ」のです。

眠い目をこすりながら夜にやったり、朝早く起きて学校に行く前に焦りながらやったらつらくて仕方ないことが、自主的に早い時間にすませたことで「やらなくっちゃ」というストレスがなくなるのみならず、わざわざ何度も「気持ちがいいね！」と言いたいほど楽しく気分がよいことだったよう。

もちろん子どもなので、毎日そのように進むわけではなく、遊ぶのが楽しくて忘れて来てしまうこともあるのですが、その日、確実に「やることは先にすませてしまうとカンタンにすむし、気分もよい」ということを身を以て学んだことは、大きな一歩だなあ、と感心しました。

そして、「余裕を持ってやるべきことをこなすことは、時間の節約になるのみならず、心のためにもよい」というサキドリ習慣の本質をあらためて子どもから学ばされました。

何事も先に先にすませることを意識しなくては、と思ったのです。

作業時間を動かせる雑用はさっさと気軽なうちにすませてしまったほうがラク。

気にかかっている大きな用事がある前には、ついでにできそうなメンテナンス的な作業や手グセでできる仕事などはむしろ気楽にカンタンに感じられるものです。

面倒な仕事に取り組む前に、細かい気がかりは減らしてしまい「これだけすんだのだから大丈夫」という気持ちの余裕を持って取り組む。

サキドリの習慣は、そんな小さなことで続いていくのです。

あとがき

この本の執筆中、会社員時代の先輩に「時間術に関する本を作っている」と言ったところ「お前にはムリだろう！」と大笑いされました。直接、迷惑をかけるような仕事での関わりはなかった方なだけに、さすがにちょっとショック……。

とはいえ、そう笑われても仕方ないほど、元々はスローでのんびり。

いまだって、きちんとした方にはイライラされているのではないかしら、と心配する毎日です。

でも、時間の使い方が不得意できちんとしていない人間の試行錯誤だからこそ、困っている方のヒントにはなるのではないかな、と思っております。

わたし自身、この本を進めながら、時間の使い方や作業の進め方についてさらに頭の中が整理できるようになり、ストレスがみるみる減っていきました。

もやもやっと混乱しかけたら、すぐにメモに書き出して気がかりを整理。予定は動かせないものを決め、すき間を埋めるようにほかの仕事を配分していきます。

動かせない仕事はどれなのか、動かせない家族の用事はどれなのか。朝のひとり会議で、ときには人生の優先順位を自問しながら、細かい用事をどこに動かしてサキドリして行けるのかを考えるのが楽しい時間になっています。

そのひとり会議時間に、スキンケアを組み込むのがいま現在の新しい実験。なかなか夜には時間が取れないので「夜にするもの」という思い込みを外し、朝に移してみたところ、なかなか快適。ひとり会議をしながら、メールをチェックしながら、朝のコーヒーを飲みながらこなせると、満足度も増大です。

新しいルールを作って、それが自分の生活に合っているかしばらく試して、うまくハマればラッキー。イマイチだったら微調整。日々は新しい課題探しとチャレンジの連続です。だからこそ楽しい！

この本が、ほんのひとかけらでもいいので、手に取ってくださったみなさまがたのハッピーな生活のヒントになりますように。

2015年2月

田内しょうこ

著者紹介――――
田内しょうこ たうち・しょうこ
アメリカ・カリフォルニア州のミルズ女子大を卒業後、出版社勤務を経て料理研究家に。雑誌、ウェブなどのメディアで活躍するほか、忙しく働く女性や共働き家庭のための食事法や時短術を教室、セミナーなどで伝える。著書に『時短料理のきほん』（草思社）、『働くおうちの親子ごはん』シリーズ（英治出版）ほか。

サキドリ
じぶん時間ゼロ、ダメ主婦、ダメ社員だった私が人生を取り戻した小さな習慣

2016年 2 月 17 日　第 1 刷発行

著　者　田内しょうこ
デザイン　TYPEFACE（渡邊民人、小林麻実）
装　画　マリオ曼陀羅
発行者　藤田　博
発行所　株式会社 草思社
〒160-0022　東京都新宿区新宿5-3-15
電話　営業 03(4580)7676　編集 03(4580)7680
振替　00170-9-23552

本文組版　株式会社キャップス
印刷所　中央精版印刷株式会社
製本所　中央精版印刷株式会社

ISBN978-4-7942-2179-7 Printed in Japan　検印省略

http://www.soshisha.com/